中公新書 2603

小塩真司著

性格とは何か

より良く生きるための心理学

中央公論新社刊

性格とは何か◉目　次

図作成◎ヤマダデザイン室

性格とは何か

より良く生きるための心理学

序　章　性格とは何か

性格を研究するということ

「どんな研究をされているのですか？」

これは、研究者がとてもよくされる質問のひとつである。そして、なかなか厄介な質問でもある。もちろん、自分が興味をもって研究している内容を尋ねられているのだから、その内容を説明すればよい。しかし、その内容を「相手にわかるように」説明するとなると、一筋縄ではいかない。

「人間の性格について研究しているのですけどね」という返事をすると、それに対して「へえ」とか「面白そうですね」という感想が返ってくる。

ところが、その「性格」という言葉に含まれている意味が、研究者とそうではない人々との間で（時には研究者同士の間でも）、ずいぶん違っていることがある。

普段よく使う言葉であるほど、そういうことは起こりやすい。「性格」という言葉は、誰もがわかっていると思う言葉のひとつである。だから、説明をしている側も説明される側も、お互いが使っている「性格」という言葉の意味が違っているなどとは思いもしない。ところが、実際には両者の溝はずいぶん大きいのである。そこに、「同じ言葉を使っているのに意味が通じない」という問題が生じてくる。

本題に入る前に、性格とは何か、どのように測定や把握がなされるのか、という問題について、ざっと駆け足で説明しておきたい。その上で、本書の本題である、私たちの身近な生活の中に性格がどのように関係しており、それを知ることで人生にどのような意味があるのか、という話へと入っていくことにしたい。

性格、人格、パーソナリティ、気質の違い

日本語では心理学的な個人差について、性格、人格、パーソナリティ、気質といった似たような言葉を使って表現される。性格と人格とパーソナリティは、歴史的経緯は異なるものの、おおよそ同じようなものを指し示している。なぜならどの言葉も、英語ではpersonalityという単語に対応する形で用いられるからである。日本語で書かれた心理学の研究論文の中では、これらの言葉は、概念上明確に区別されて用いられているわけではない。

ただし、ニュアンスの違いはある。日本語で「人格」という言葉を使うときには「より良い状態がある」ことを想定した上での心理学的な個人差を指し、「性格」という言葉を使うときにはあまりそういう想定がない。これは、「彼は人格者だ」という文章が成立するのに対して、「彼は性格者だ」という文章が成り立たないことを考えればわかるのではないだろうか。最近は、性格と人格という言葉が用いられてきた歴史的経緯の混乱を避けるために、カタカナで「パーソナリティ」と表記することも増えている。

それに対して「気質」という言葉は、これらとは違う意味をもっている。第1章でも触れるように、乳幼児期以前の心理学的な個人差や、大人であっても遺伝学的・生理学的な要素に強く結びついていると想定される心理学的な個人差を指して、気質という言葉が用いられ

る。

本書では、日本語としてのわかりやすさを優先して「性格」という言葉を用いる。また、乳幼児期の個人差を「気質」と表現する。このふたつの単語は区別して用いるので、覚えておいてもらえれば幸いである。

分けて見る――類型論

自分の性格を表現してみよう。どういった言葉で表すことができるだろうか。

たとえば「やさしい」という言葉はどうだろう。皆さんは、自分が「やさしい人間」だと思うだろうか。

「やさしい人間」と「やさしくない人間」のように、人間をいくつかのグループに分けるような性格の見方を、類型論という。これは、やさしいかやさしくないか、という分け方でなくてもよい。「やさしい」「まじめ」「活発」といった分け方でも構わない。とにかく、人々をグループに分ける方法が類型論であり、私たちは普段の生活の中で、この方法を使って頻繁に自分自身や周囲の人々の性格を表している。

占いや心理ゲームなど、「あるカテゴリに含まれる人物にはこのような特徴がある」という記述を行うときには、基本的にはこの類型論を用いる。血液型による性格判定は人間を4種類に分け、星座は12種類に分け、干支《えと》も12種類に分ける。分けることは古くから行われてきた、人間の特徴を把握する方法なのである。そして本書の中でも、「このグループはこういう性格」という典型例の記述を行うことがある。

ただし、世の中のすべての人を身長の高い人と低い人に分けることができないのと同じように、世の中の人々を典型的な「やさしい人」とか典型的な「まじめな人」として完全に分けられるわけではない。もちろん多くの人を思い浮かべれば、その中には「誰もが認めるやさしい人物」という典型例は存在する。しかし、全員をそのような典型的な例に当てはめようとすると、必ず「どちらかと言えばやさしい」といった微妙な人物や、「やさしくてまじめ」といった同時に複数の要素をもつ人物の扱いに困ることになる。

要素を見る——特性論

一方、ひとりの人物の中に混在する「やさしい」「まじめ」「活発」という要素について、それぞれを「低い」「中程度」「高い」といったように程度で表現するのが特性論という性格の見方である。こうした見方をすることによって、ある人はやさしくまじめだけれど活発ではない、別の人はやさしくて活発だけれどまじめではない、といったように、人々が同じ要素をもちつつもある面で違っている、ということを表現できる。

特性論の考え方は、学力テストを想像してみるとわかりやすい。国語、数学、理科、社会、英語という5科目の学力テストを考えてみよう。国語は100点で得意だけれど数学は50点で苦手であるとか、社会と理科は90点で得意だけれど英語は40点で苦手であるとか、どの科目も得意ですべて80点以上であるとか、どの科目も苦手であるとか、各教科の得点をそれぞれ考えることによって、さまざまな組み合わせを細かく表現できる。

同じように、やさしさ、まじめさ、活発さという性格の要素を100点満点で表してみれば、あるやさしい人はやさしさ90点、まじめさ40点、活発さ80点と表現され、別のやさしい人はやさしさ90点、まじめさ80点、活発さ30点と表現される。同じやさしい人でも、そのほかの要素を考えることで、ずいぶん違った人物像が浮かび上がってくるのではないだろうか。

このようにひとりの人物の中に混在するひとつひとつの細かい性格を要素とみなす特性論は、人間の特徴を詳細に描くことを可能にする。たとえば5つの性格の要素を用意して、それぞれを5段階で表現できれば、その組み合わせは5の5乗となり、3125通りの人物を描くことができるようになる。このような細かさは、類型論では表現できない。

また、それぞれの性格特性を量で表現することにより、細かな変化を表現することも可能になる。ある性格特性が年齢とともに強まったり弱まったり、何かを経験することで変化したりする様子を表現することもできる。「やさしい」カテゴリの人物が「まじめ」なカテゴリにガラッと変わるのではなく、やさしさが80点から60点に、まじめさが50点から70点に変化すると考えるほうが、現実の変化をよりうまく捉えることができるだろう。

階層構造

加えて、性格特性は階層構造をもっている。

細かい性格特性は寄り集まって大きな性格特性となり、その大きな性格特性は寄り集まってさらに大きな性格特性を構成する。まるで、星が集まって太陽系を作り、太陽系のような星系が集まって銀河を作り、銀河が寄り集まって銀河団を形成するようなイメージである。

より身近なところで言えば、ひとつひとつのテスト問題を集めて「計算問題のセクション」「図形問題のセクション」など、勉強の分野を構成し、その分野が集まって「数学のテスト」「英語のテスト」「国語のテスト」ができ、さらに全体が集まって「学力テスト」となるようなイメージでもよい。

性格特性は、どのレベルで性格を見るかという問題にもかかわる。細かいレベルで性格を見ればいくらでも細かく見ることができるが、その細かな違いには実際的な生活上の意味はあまりないかもしれない。一方で、あまりに大きなレベルの性格を使うと、人類全体の特徴を少ない数直線でうまく捉えることはできるが、大雑把すぎるかもしれない。

類型論はダメなのか

このように書いてくると、類型論がダメで特性論が性格の捉え方として優れていると考えるかもしれない。しかし、必ずしもそうではない。性格を細かく表現したいときには特性論を用い、全体的にざっくりと表現したいときには類型論を用いるといったように、時と場合によって使い分けるのがいちばんである。

問題は、私たちが普段使いがちな方法が類型論だという点にある。特性論の考え方は20世紀に入ってから盛んになった比較的新しいものである。それに対して類型論の歴史はとても古く、古代ギリシャ時代や古代の中国にまでさかのぼることができる。そして、先ほど占いの例を挙げたように、類型論は私たちの素朴な考え方に近い。私たちは、特性論のような多くの要素を同時に考える把握方法には、あまり慣れていないのである。したがって、特性論のような表現方法を理解しておいた上で、時と場合によって使い分けることを意識しておくのがよいように思う。

ただし、今の時代を生きている私たちにとって、特性論のような個性の把握方法はそれほど難しいことではない。先ほどの例のように、現代の教育を受けている私たちは各教科の学力試験の結果をそれぞれの得点で表すことに慣れており、ゲームに出てくるキャラクタも攻撃力や防御力などの数値で個性が表現される。ポケモンのキャラクタのように、人間についても複数の数値で表現されるイメージをもつと、わかりやすいのではないだろうか。

辞書を調べる

ゲームのキャラクタであれば、攻撃力や防御力、スピードや生命力などいくつかの特性値でその個性が表現される。攻撃が得意なキャラクタは攻撃力の数値が大きく、すばやく動くことができるキャラクタはスピードの数値が大きい。

では、人間にはいくつの性格特性があるのだろうか。そして、それはどのような方法で確認されるのだろうか。たとえば、人々が性格を表現する言葉を収集し、整理していく方法も考えられる。

これまでに心理学の研究の中で、性格の特性を確認するために行われてきたひとつの方法は、辞書を調べることであった。

進化論で知られるダーウィンのいとこでもあるフランシス・ゴルトンは、辞書から人間の個性を表す形容詞を抜き出す試みを世界で最初に行った人物である。[*1] 辞書の中には、その時代に世の中で使われている単語が網羅されている。そこで、その中に掲載されている「人間を形容できる言葉」を抜き出すことで、人間の特徴を列挙できると考えたのである。

もちろん、辞書に含まれていない未知の特徴も存在するだろう。しかし、「この人って、こんな人だよね」と表現するときには、必ず言葉でその内容を説明しなければいけない。そして、多くの人が納得できる人間の特徴は、人間を表現する共通の言葉として広まっていく。そこでうまく特徴を表現できない場合には、新たな単語が考え出されたり、本来は別の意味で使われていた言葉が人間の特徴を形容するために用いられたりする。若者言葉はそのひとつの例と言えるであろうし、昔は小説の中で新しい表現が考案されたこともある。そして、その言葉が多くの人に用いられるようになると、やがて辞書に掲載されるようになっていく。このようなことから、辞書を調べることは性格特性を挙げるためのひとつの有効な方法だと言えるのである。

特性はいくつあるのか

この試みを大きく発展させたのは、アメリカの心理学者ゴードン・オールポートである。[*2]オールポートと助手のヘンリー・オドバートは、人間を形容できそうな言葉として辞書から約1万8000語を抜き出した。そして、人間の性格を表すことができる言葉として、そこから約4500語を整理した。

ちなみにアメリカの心理学者サム・ゴズリングが書いた本の中には、「かわいそうな助手オドバート」という一節がある。[*3]ハーバード大学に勤めていたオールポートが数万語もの単語を自ら確認して整理したとは考えにくく、実質的にはオドバートが作業をしたのだろうと想像されるからである。まあ、実際にどのように作業が進められたのかはわからないのだが、この約4500語が、英語における性格特性の最大の数だと言えそうである。

この4500という数字を見て、どのように思うだろうか。また、普段の生活の中で、性格をいくつの言葉で表現できるだろうか。そもそも、英単語を4500語も知っているかどうか。そのように考えると、この単語の数はとても多いと言えそうである。オールポートたちの論文は、インターネットで検索すると読むことができる。その論文の中には、性格用語として取りだされたすべての単語が整理されて掲載されている。ぜひ、それらの単語を見てみてほしい。

きわめて多数の単語が性格を表すことについて、このようにイメージしてみるのはどうだろうか。

それぞれの単語に個人の特徴を程度で表した数字がついている。何かを経験すると、その数字が少しずつ変化していく。中には、年齢とともに少しずつ数字が変化していく単語もあるし、歳《とし》を重ねてもまったく変わらない安定した数字を示す単語もある。何かを経験すると互いに同じように数字が動く単語もあれば、互いに数字がバラバラな動きをする単語も、逆方向に動く数字をもつ単語もある。インパクトのある出来事を経験すると、多くの単語の数字は一斉に増えたり減ったり大きく変動する。しかし単語の中には、その出来事を経験しても数字がほとんど動かないものも存在する。このように、ひとつひとつの単語につけられた数字の動きを見ることで、もっとも細かいレベルで性格の変動する様子を観察できると考えるのである。

単語の整理

しかしさすがに、4500という単語は多すぎ、またその中にはほとんど同じ意味の単語、似た意味の単語、あまり使われない単語、真逆の意味の単語などが含まれている。そこで、これらの単語を整理することが必要になる。そうすれば、より的確に人間の性格を表現する次元、つまりゲームのキャラクタにおける攻撃力や防御力のような、基本的な特性次元が見つかるのではないかと考えることができる。

これまでに多くの研究者たちが、この問題を探求してきた。しかし、手作業で単語を整理すると、研究者の個人的な好みが反映して恣意《しい》的な整理になってしまう。そこで、調査をしながら統計的に整理していく方法がとられてきた。

たとえば、単語を並べて多くの人に自分自身について評価をしてもらう。「明るい」という単語と「活発な」という単語は、絶対ではないにせよ多くの人が同時に「当てはまる」あるいは「当てはまらない」と答える。なぜなら、ある人物像を思い浮かべたときには、これらの単語が表す要素が同時に「ある」あるいは「ない」可能性が高いからである。それに対して、「明るい」という単語と「やさしい」という単語は、同時に当てはまる人もいるが、片方だけが当てはまる人も多い。明るくやさしい人もいれば、明るいのだけれどやさしくない人も同じくらい存在するからである。

このように多くの単語について調査をしていくと、似た単語、少し似た単語、あまり似ていない単語、逆の意味の単語、やや逆の意味の単語など、単語同士の類似度を統計的な数値で表現できるようになる。そして調査と分析を繰り返していくことで、多くの単語がおおよそいくつの要素でまとまるのかを明らかにできるのである。

ビッグ・ファイブ

1980年代から1990年代にかけて、おおよそ5つの次元で人間の性格全体をうまく表現できるのではないかという研究結果が注目を集めるようになった。

この研究知見にたどりつくためには、多くのデータを分析するコンピュータの進化が不可欠であった。今でこそ手元にラップトップコンピュータが一台あれば、相当な量のデータを使って複雑な統計処理を施し、結果を導くことができる。しかし、これができるようになったのは21世紀に入ってからであり、1940年代から1960年代頃に単語の整理を試みていた当時の研究者たちは、大きな技術上の制約の中で研究に従事していたのである。

なお、辞書から単語を抜き出し整理していく研究は、世界中で行われてきた。もちろん、同じような試みは日本語でも行われている。[*4] そして異論はもちろんあるにせよ、日本語を含め、各国の言語である程度は同じような5つの単語のまとまりが見出《みいだ》されてきた。
その結果、現在、人間の性格全体は次の5つの次元（ビッグ・ファイブ）によって、だいたい過不足なく表現できると多くの研究者は考えている。
では、5つの次元それぞれについて簡単にまとめてみたい。

◉外向性（Extraversion）――活発さや明るさ、ポジティブな感情の強さ、ひとりよりも皆と一緒にいたい気持ちを反映する。活発であると同時に、強い刺激を求めることも意味し、決してコミュニケーション能力（コミュ力）のことを指すわけではない。外向的な人物でも、コミュニケーションがうまい人物とうまくない人物の両方がいる。よく「外交性」と間違えて記述されることがあるが、逆が「内向性」であることからも正しくは「外向性」だとわかるだろう。

◉神経症傾向（Neuroticism）――特にネガティブな感情の揺れ動きの大きさを反映する。落ち込みや不安、怒りといったあまり望ましくない感情を抱きやすい傾向を表す。神経症傾向の高さはストレスにうまく対処できなかったり、さまざまな精神疾患にも関連したりする傾向がある。神経症傾向の低さは情緒安定性とも呼ばれ、感情の揺れ動きが少なくおだやかな状態になりやすいことを意味する。

◉開放性（Openness）——関心の広さや興味の強さ、空想をめぐらす傾向を反映する。「経験への開放性」とも呼ばれるように、開放性は対人関係上オープンなことを意味するのではなく、さまざまな活動や現象を受け入れる傾向という意味である。

◉協調性（Agreeableness）——やさしさや人を許す寛大さ、思いやりや面倒見の良さを反映する。調和性とも呼ばれる。協調性の低さは、攻撃性やあざけり、他の人をだますことや自分の利益を優先する傾向を意味する。

◉勤勉性（Conscientiousness）——まじめで計画的、熱心に活動に取り組む傾向を反映する。誠実性とも呼ばれる。勤勉性の低さは、いいかげんさやいきあたりばったりであることを表すが、言い換えると臨機応変であることも意味する。

これら5つの性格特性は類型ではないので、「自分はこれら5つの中では外向的だ」と表現するのは正しくない。5つの性格特性それぞれを学力テストのように捉えて、量で表現するのがよいだろう。

良いのか悪いのか

ビッグ・ファイブそれぞれの内容を読むと、外向性、開放性、協調性と勤勉性は高いほうが、神経症傾向は低いほうが望ましいように思える。しかし、ビッグ・ファイブの5つの特性は、それぞれ高くても低くても、良い面も悪い面もあわせもつものである。

たとえば外向性が高いことは良いことであるように思えるが、外向性の高さはより強い刺激を求める傾向にも関連するため、自分や家族を危険にさらしてしまうような行動に結びつく可能性もある。また内向的であることは望ましくない特徴のように思えるかもしれないが、必ずしもそうではない。たとえば、ひとりでしなければならない活動に従事する際には、外向的な人物よりも内向的な人物のほうがうまく課題を達成できる可能性もある。

また、神経症傾向の低さは安定した感情状態を維持したりストレスに対してうまく対処したりすることにつながる。しかしその一方で、ネガティブな感情を抱かないことは、危険の予期がうまくいかないことも意味する。神経症傾向の高さは、自分自身に降りかかってくる危険を予期する警告機能にも結びつくのである。

開放性の高さは好奇心や自由な発想に結びつくが、時にそれは他の人々に理解されない、突飛な思考内容へと至ってしまうこともある。また、開放性の特徴である好奇心の広さや自由な発想は、必ずしも問題の解決に結びつくとは限らない。開放性が低く、地に足がついた地道な考え方のほうが、うまく問題点を発見できるかもしれない。

協調性の高さは、いわゆるやさしい人物であることを表す。しかしこれも時と場合によっては裏目に出る場合がある。たとえば、協調性が高い人は、頼まれごとをなかなか断ることができない。このことはもしかしたら、無茶な投資や保証人になることを断れず、金銭的なトラブルや社会的な立場を失う危険が生じるかもしれない。

勤勉性の高さは、まじめで誠実であることを意味する。まじめであることは私たちの生活にとって重要な要素である。しかしその反面、この特性は融通が利かず、完全主義的で、目標を達成できなければすべてが失敗であるかのような評価を下す方向へと進んでしまうかもしれない。

このように、ビッグ・ファイブのどの特性も、「こうであればなにごともすべてがうまくいく」ということを意味するわけではない。どのような性格が、どのような場面でどのような結果をもたらすのかという観点が不可欠である。このような観点は、常に注意しておく必要がある。

迷惑な性格特性——ダーク・トライアド

もちろんビッグ・ファイブだけが性格なのではない。心理学では実に多種多様な性格特性が研究されており、毎年のように新しい性格特性が考え出され、研究の俎上《そじょう》に載せられている。ただし、その中で研究者の批判に耐え、生き残ることができる性格特性はそれほど多くはない。

ここでは多くの研究で取り上げられてきた、つまりうまく生き残っているビッグ・ファイブ以外の性格特性を見てみたい。

まずは、HEXACO（ヘキサコ）モデルと呼ばれる性格特性である。[*5] これは、ビッグ・ファイブに置き換わるモデルとして研究された経緯があるモデルで、6つの特性からなる。6つといっても、そのうちの5つはビッグ・ファイブとほぼ内容は同じで、ひとつが新たに追加された形となっている。そのひとつとは、正直さ・謙虚さという名前であり、英単語

（Honesty/Humility）の頭文字をとって「H因子」と呼ばれている。H因子の高い人の特徴は、誠意をもって人と接し、何が公正かを考え、自分ばかりではなく他の人のことや社会のことを考えようとする点にある。

次に、ダーク・トライアドと呼ばれる3つ組の性格特性である。これはマキャベリアニズム、サイコパシー、ナルシシズムという3つの社会的にあまり望ましくない結果をもたらす性格特性のまとまりである。[*6] マキャベリアニズムは、ルネッサンス期イタリアのフィレンツェにいた外交官であり思想家のニッコロ・マキャベリに由来する性格特性であり、自分自身の利益のためには手段を選ばない傾向を意味する。サイコパシーは冷淡な感情と反社会性を特徴とする性格特性であり、他の人々の痛みを感じにくい特徴をもつ。そしてナルシシズムは自己愛とも呼ばれ、自分自身に対する非常にポジティブで誇大な感覚をもち、他の人々にも自分を賞賛したり特別な扱いを求めたりする傾向を表す。これら3つの性格特性は互いに関連しており、少しずつ意味は異なるものの、共通して他者に対して冷淡で自己中心的な特徴をもっている。

さらに、ダーク・トライアドの3つの性格特性はいずれも、HEXACOモデルのH因子の低さに関連する特徴をもつことも、これまでの研究で明らかにされている。[*7] また、この3

つの性格特性は、ビッグ・ファイブの協調性の低さという点でも共通する。[*8] H因子の低さの特徴である傍若無人さや自己中心性が、ダーク・トライアドに共通した要素だと言える。

ポジティブな性格特性

より「良いもの」とされる性格特性も、数多く研究されている。

なお、必ずしも「性格」という言葉で表現されるわけではない心理学的な個人差を表す特性もあるのだが、実際には他の性格特性と同じような方法で測定され、統計的に表現されるものなので、ここでは広く性格特性として捉えておきたい。

たとえば自尊感情である。これは自分を評価の対象としたときに、全体的にポジティブに捉える程度のことである。他の人と比較して「自分はすごい」と判断することよりも、自分を「これでよい」と思う程度を反映する。いわゆる自信や自己肯定感という言葉で表されるものに近いが、心理学では自尊感情という言葉を用いることが多い。

次に、幸福感やウェルビーイングである。自分自身や自分の生活を見渡したときに、どれくらい心地よさを感じ、どれくらい不快感を抱いていないかということが、幸福感の大きな要素である。また、もっと広く人生を見渡して、自分の過去や未来も含む人生全体を良い状態であると認識する程度のことを、主観的ウェルビーイングと言う。これらの特性は、私たちが全体的に「うまくいっている」と感じる度合いを表現する。

そして、楽観性や悲観性である。これらは、将来の出来事に視点を置く点に特徴がある。楽観性は将来に良いことが起こるだろうと期待する傾向、悲観性は逆に悪いことが起きるだろうと予想する傾向のことを意味する。いわゆる「ポジティブ思考」と言われるものは、この楽観性のことを指すのではないかと思われる。

これらのほかにも、重要な心理学的な特性がある。さらに見てみよう。

ネガティブで辛《つら》い出来事を経験すると、多くの人が落ち込むことになる。しかし、そこからの回復の程度は人によって異なる。このような心の回復の過程や、回復を促進する心理的な要因を、レジリエンスと言う。

近年、注目されているのがマインドフルネスという言葉である。マインドフルネスとは、今この瞬間に価値判断をすることなく何かに注意を向けることである。自分の呼吸に意識を向けたり、細かい作業に意識を向けたりしてもよいのだが、意図的に何かに意識を向け、何も判断しない状況を作ることで、瞑想《めいそう》と同じような効果が生じる。また、普段からこのようなことをする傾向の個人差を、マインドフルネス特性と言う。

マインドフルネスもその一部に含む、「あるがまま」を受け入れる傾向として注目されているのが、セルフ・コンパッションと呼ばれる心理特性である。[*9] 自分がこうありたいとか、こうあるべきだといった考え方から脱却し、自分自身をあるがままに受け入れて慈《いつく》しむような傾向をもつことで、周囲の人に対しても慈しみの心をもつことができるようになる。

また、誘惑に対処したり、しなければいけない課題に集中したり、目の前の誘惑を抑制して時間的により先にある目標を追求する傾向のことを、自己統制やセルフ・コントロールと言う。[*10] 現在の私たちの生活には、課題の達成を妨げるさまざまな誘惑が存在しており、日々そのような誘惑に対処する必要がある。自己統制は、今を生きる私たちにとって欠かせない心理特性だと言える。

このように、心理学で研究されている性格特性には数多くのものがある。そしてそれらは、言葉で表される。自分自身や周囲の人をうまく表現するためには、それぞれの表現の意味を理解した上でその言葉を使用したい。

測定の信頼性と妥当性

性格は、アンケートで測定される。複数の文章を示し、どの程度自分自身に当てはまるかを回答してもらうことによって、性格の程度を測定する。

曖昧な図形や文章を提示し、自由な回答から性格やその人が置かれた状態を推定しようとする投影法や、コンピュータ画面に示される刺激や単語にできるだけすばやく反応することでアンケートとはまた異なる側面を測定しようとする試みも行われている。しかし、圧倒的多数の研究では、性格は質問文と複数の選択肢からなるアンケート形式で測定される。

この性格の測定方法は、数十年間変わっていない。しかし、統計的な分析手法や、測定内容の信頼性と妥当性の確認手法の洗練によって、もちろん完璧な測定方法ではないにせよ、現在も主要な手法としてこの分野の心理学の研究で用い続けられている。

ここで重要なのは、信頼性と妥当性という考え方である。

信頼性は、測定された値がどれくらい安定しているかを問題にする観点である。これは、信頼性に欠ける測定を思い浮かべてもらうとよいだろう。たとえば、乗るたびにまったく違う数値を示してしまう体重計は、信頼性に欠ける。また、お笑いコンクールの複数の審査員の得点があまりにバラバラだと、「同じような観点で評価していないのではないか」と疑念をもってしまう。こういう場合も、信頼性に欠ける評価となる。同じように、ある性格特性を測定する場合にも、時間を越えてある程度安定して測定できるのか、また用意した複数の質問項目がだいたい同じような得点を示すのかということを確かめていく。用意した質問項目がだいたい同じような得点を示すというのは、たとえば外向性を測定する複数の質問項目（他の人とよく会話をしますか、人と一緒にいるのが好きですが、強い刺激を求めますか、など）に対して、ある個人がおおよそ同じような回答を行うということである。

一方、妥当性は、本当に測りたい内容を測定できているのかを問題にする観点である。たとえば、ある熟語を理解できないと解くことができない数学の問題があるとしよう。その場合、測定しているのは数学の能力だと言えるのだろうか。「熟語を理解することも数学の能力の一部だ」とか「国語の能力も数学の能力の基礎になる」とか、いろいろな意見があるとは思うが、やはり数学のテストを作るときには、なるべく数学の能力だけを測定したいのではないだろうか。

性格を測定する場合には、この例よりももっと微妙な問題が生じる。たとえば、内向的な傾向を測定しようとする場合、そこに「落ち込みやすさ」とか「不安」だとか「悲観的な傾向」を含むべきだろうか。ここでは、内向性とは何か、どのような要素までを含むべきなのかという概念定義の問題を避けることはできない。内向性は先ほど説明した外向性とは逆方向の性格特性であり、大勢と一緒にいるよりはひとりでいることを好み、多くの刺激を求めようとはせず、ポジティブな感情をあまり強く抱かない、しかしネガティブな感情を感じるわけでもないという特徴をもつ。したがって、ここに落ち込みやすさや不安や悲観性を入れることは、概念の定義からして間違っているのである。

このように、性格を測定する道具を作るときは「なんとなく」「それっぽく」作るのではなく、信頼性と妥当性という考え方に沿って作成していく。そしてそれぞれの性格を測定する道具の信頼性と妥当性の証拠は、論文の中に報告され、残されているのである。この点が、おそらく皆さんがよく目にする、一般向けの雑誌やウェブサイトなどに掲載され、多くの人が楽しんでいる心理ゲームとは大きく違う点だと言える。

ここまで、「性格」という言葉をとりまく事柄をざっと説明してきた。普段使っている「性格」という言葉と、心理学で使われている言葉との違いが実感できただろうか。同じ言葉であっても、その背後にあるさまざまな研究の蓄積を知っているのと知らないのとでは、やはりこれから説明する内容の理解が大きく違ってきてしまうように思う。

では、前置きが長くなったが、ここからより深く、性格の研究の世界へと入っていくことにしたい。

第1章　歳をとると人はやさしくなる？——性格と年齢

1　子どもの気質

赤ちゃんの困った性格

とある夫婦に待望の長女が生まれて、数カ月したときのことである。夫が仕事を終えて帰宅すると、夕方で薄暗くなっているにもかかわらず家の中が暗いままになっている。「どうしたのだろう、妻と子に何かあったのか」と不安に思いながらドアを開けると、薄暗い部屋の中で電気もつけず、子どもを抱いたまま落ち込んでいる妻の姿を見つけた。

驚いた夫は子を抱えた妻のもとに駆け寄り、「どうしたの」と声をかける。妻の返事はあまり要領を得ないのだが、子どものためを思ってしようとしたことがすべて裏目に出るような状態が続いているのだと言う。

子どもを抱っこしていると、ベビーベッドに下ろしてほしいかのように手足をバタバタとさせて暴れる。ベッドに下ろすと、今度は抱っこするようにせがむ。ミルクの時間も寝る時間も安定しない。「やっと寝てくれた」とほっとして部屋を出ると、すぐに目を覚ましてぐずりはじめる。胸に抱っこしているときだけは寝てくれるのだが、少し動くとすぐに目を覚ましてぐずりはじめるので、子どもを抱いたまま家事をすることもできない。もうどうしたらよいのかわからなくなり、暗い部屋の中で子どもを胸に抱えながら、途方に暮れていたのだと言う。

子育て経験のある人の中で、このような経験がある人もいるのではないだろうか。私には3人の子どもがいるが、実はそのうちのひとりはこのような赤ちゃんであった。もちろん、子を授かることはとても素晴らしいことである。しかし、もしもこのような子が生まれれば、夫婦にとってとても大きな負担となってしまう。それは、私たち夫婦の経験からも実感できることである。

果たしてこの母親の育て方が悪いのだろうか、それとも子どもに何か問題があるのだろうか。そして、子どもとのより良い向き合い方とは、どのようなものなのだろうか。

難しい子ども

このような子どもの存在は、1950年代にニューヨークで始められた縦断的な研究プロジェクトの中ですでに指摘されていた。[*11] このプロジェクトでは子どもの状態や育てている家族へのインタビューなど、多くのデータが収集されている。そして、その調査された内容を分析する中で、ある特徴的な子どもたちの存在が浮き彫りにされたのである。[*12]

そういった子どもたちは、他人に対して悪意をもって攻撃したり、わざと苦痛を与えたりするわけではない。しかし、母親をはじめとする養育者をとても困らせるような子どもたちであった。たとえば、普段の生活のリズムが不規則で、睡眠やミルク、食事や排泄《はいせつ》の時間があまり予測できない。子育てをする中で、親たちは子どもがなぜ泣いているのか、なぜぐずっているのかを把握できるようになるものだが、こういった子の場合には、なぜ泣いているのか、これまでの経験からも把握するのが難しい状況が続いてしまう。また、目新しいことに対して好奇心を示す子どもの姿は多くの人が思い浮かべられると思うのだが、こういった子たちはむしろ身を引いてしまって新しい状況になじもうとしない傾向がある。それだけでなく、環境の変化が起きるとすぐに機嫌が悪くなり、泣きだすと何をしても止まらなくなってしまう傾向もある。

この研究プロジェクトの中では、親だけでなく、親や子どもをインタビューした人たち、また研究者たちもこのような子どもが存在することを認めていた。そして、研究者たちはこのような特徴を示す子どもたちのことを、「難しい子ども」とか「母親泣かせ」[*13]と呼んでいたのである。

親失格？

もしかしたら現在でもそういう面はあるかもしれないが、当時の子育てに対する一般的な考え方は、「子どもの問題は養育のしかたにある」というものだった。子どもに対して十分に愛情を注ぎ、子どもの存在を受け入れて育てれば、子どもは必ずその親の養育のしかたに応えて、健全な発達を遂げるはずだ、という考え方である。

したがって、「難しい子ども」のように問題のある子どもの振る舞いには、親の育て方の問題が反映していると考えるのが当然だった。それは研究者たちだけでなく、当時の親たちの考え方にも共通するものだった。自分の子どもが問題のある振る舞いをしているのは、自分の子育てのどこかに問題があるのではないか、もしかしたら自分自身が無意識のうちに子どもを拒否してしまっているからではないか、そしてそのような無意識の態度が子どもの成長や発達に悪影響を及ぼしているのではないか、と考えていたのである。

親がこのように考えると、問題がどんどんこじれていってしまう。難しい子どもをもつ親はその問題の原因が愛情の不足だと考える。すると、その問題を何とかしようと、できるだけ子どもがしたいことを満たすような対応をしようとする。しかし、そもそも親は一日中ずっと、子どもの要求に応じていられるわけではない。すると、要求が満たされない子どもはすぐにぐずりはじめ、かんしゃくを起こす。そして、そのような子どもを見て親は途方に暮れ、自分は親として失格だと考えるようになってしまう。

あたかも、負のスパイラルに巻き込まれてしまうような状況がそこにはある。

子どもから親への影響

この研究は「ニューヨーク縦断研究」と呼ばれるように、縦断的な調査方法を採用している。縦断的な調査方法とは、同じ対象に対して、時間をおいて繰り返し調査をしていく手法である。この研究プロジェクトでは、子どもが難しい子どもであるかどうかが判明するずっと前から、詳細な調査が行われている。ということは、子どもの問題行動が表面化して難しい子どもであることがわかった段階で、それ以前の親の子育てがどのように行われていたかを、時間をさかのぼって調べることができるのである。

その結果は、予想外のものだった。子どもが生まれてからしばらくの間、難しい子どもとそうではない子どもの親たちの子どもへの接し方にはまったく違いが見られなかったのである。

さらに同じ親であっても、生まれてきたきょうだいの中で難しい子どもとそうではない子どもが育つ場合があった。それぞれのきょうだいが幼い頃の、親の子育てのしかたを比較してみても、難しい子どもとそうではないきょうだいの子育てのパターンには、大きな違いは観察されなかったのである。

ただもう少し成長した後、つまり難しい子どもだということが徐々にわかってきた後の子育てのパターンには、大きな違いが見られるようだった。でもそれは、もともと親たちがそのような子育てをしているのではなく、難しい子どもの振る舞いに対処しようとして親がとる行動のように見えたのである。

これは、何を意味しているのだろうか。もしかしたら、因果関係が一般的な認識とは逆なのかもしれない。親の子育てのしかたが子どもの問題を生み出しているのではなく、そもそも親の想定外のところで子育ての難しさが生じており、それが親の養育パターンを生み出しているという可能性である。

私たちは、親の振る舞いが子どもに影響を与えるという一方通行の影響だけを考えがちである。子どもを巻き込む事件が起きれば、すぐに「親の責任」を追及する傾向があり、成長後に問題を起こせば、必ずと言っていいほど「どんな子育てをしたのか」という意見が出てくる。もちろんそこには、正しい面もある。親によって子育てに対する考え方も実際の行動も異なっており、その中には子どもの問題行動を誘発する要素が含まれている可能性は、十分に考えられる。

しかし多くの親は、目の前にいる子どもの状態を無視して、自分のスタイルだけで子育てをしていくわけではない。おとなしい子どもに対してはおとなしい子どもなりの対応を、ぐずってばかりの子どもに対してはその行動に応じた対応をするものである。子どもの振る舞いは、親の対応に影響を与える。親子関係も、相互作用のある人間関係の一種である。影響は片方向だけでなく、双方向に生じると考えるのがよいだろう。

子どものタイプ

「難しい子ども」がもつ特徴を、「気質的扱いにくさ」と呼ぶ。このような子どもは、養育する人々に精神的な負担を負わせ、他の子どもたちとは異なる子育ての方法をとらせる存在である。

では、難しい子どもではない子どもたちに目を向けてみよう。そういった子どもたちは、どのような特徴をもつのだろうか。

難しい子どもとは逆に、とても扱いやすい子どもがいる。睡眠や食事、排泄の時間が毎日おおよそ一定で、いつも機嫌が良く、その子の周りにいると大人たちも幸せな気分になるようなポジティブな雰囲気を感じる。こういった「扱いやすい」子どもたちは、新しい場面でも比較的落ちついていて、慣れるのが早いのも特徴である。養育者が扱いやすい子どもを育てるときの精神的、肉体的な負担は、難しい子どもに比べるととても少ないと言える。

また、難しい子どもと扱いやすい子どもの中間とも言えるタイプがある。それは、「慣れるのに時間がかかる子」と呼ばれる子どもたちである。このタイプの子どもたちは、普段の生活は比較的規則正しく、機嫌が良い状態が多い。しかし、新しい場面になると不安が強く、その場の状況に慣れるのにとても時間がかかってしまうという特徴をもつ。初めて行く公園で、元気よく遊んでほしいと親が思っていたとしても、恥ずかしいのか不安なのか、なかなかそこで遊びだそうとせず、親の陰に隠れて出てこようとしない子どもの姿を思い浮かべることができるのではないだろうか。そのうちその状況にも慣れて、やっと遊びだそうとしたところで帰る時間になってしまう、といった様子がこのタイプの子どもにはよく見られる印象である。

「難しい子ども」「扱いやすい子ども」「慣れるのに時間がかかる子ども」というのは子どもたちをグループに分ける、類型論である。ただし類型論には必ずと言っていいほど例外があるもので、この子どもたちの類型についても同じことが言える。これらの3つの類型はあくまでも典型的なグループ分けであり、いずれのグループにもうまく分けることができない子どもたちも存在する。

気質特性

性格の類型論と特性論のように、子どもの気質についても「難しい子ども」「扱いやすい子ども」といった類型とともに、いくつかの特性がある。

先ほど子どもの気質の類型を説明する際にいくつかの観点から説明したが、特性ではその特徴をひとつひとつ取りだしたような捉え方をする。たとえば「活動水準」という気質特性は、全体的な運動量の多さ、活発さの程度を意味する。また「周期の規則性」は、睡眠や排泄など生活全般の規則正しさを意味する。「順応性」は新しい環境への慣れやすさを表し、「接近・回避傾向」は初めて接する物に対して近づいていこうとするか遠ざかろうとするかの個人差を意味する。「刺激に対する敏感さ」は、その子にとってどれくらいの刺激の量がちょうど良いかを表し、「反応強度」は何かに対する反応をどれくらい外に表すか、あるいは反応しないか、その大きさを意味する。さらに、機嫌の良さの程度である「気分の質」、どれくらい注意散漫かを表す「気の散りやすさ」、注意がどれくらい集中して持続するかを意味する「注意の範囲と持続性」といった気質特性もある。

このように見てくると、難しい子どもと扱いやすい子どもの違いは、気質特性のうち周期の規則性、順応性、接近・回避傾向、刺激に対する敏感さ、気分の質などに表れることがわかる。そして、特性として表現されるということは、それぞれの特性に高い‐低いの次元が考えられることを意味する。

それぞれの子どもがどの気質特性が高く、どの気質特性が低いか、あるいは中程度であるかという捉え方をすることで、ひとりひとりの子どもの個性をはっきりと捉えることができる。そうすることで、大雑把に「難しい子ども」「育てやすい子ども」と分類するよりも、個々の子どもにたいして適切な対処ができるようになるだろう。

引っ込み思案

ニューヨーク縦断研究以外でも、多くの研究者たちによっていくつかの重要な気質特性が報告されている。ただし、それぞれの気質特性は互いにまったく無関係なものではない。数多くある気質特徴をどのようにまとめていくかという問題だと言える。

たとえばアメリカの発達心理学者ジェローム・ケーガンは、「行動抑制傾向」と呼ばれる気質に注目した。これは、新しい場面で順応するか、なかなかできないかという個人差の傾向のことである。[*14]全体的に内気で、臆病で、気が小さく、引っ込み思案な子どもを行動抑制的、それとは逆に大胆で物怖《ものお》じせず、初めての人に対してもどんどん近づいていくような子どもは、行動抑制的ではない子どもとされる。

この個人差は、いわゆる「引っ込み思案」の程度だとも言える。このような個人差が存在することは、周りの子どもたちを見てもよく理解できるのではないだろうか。ある子どもは周囲の大人にどんどん話しかけていくのに、別の子どもはずっと親の後ろに隠れたままでいる。そして同じ両親から生まれたきょうだいであっても、引っ込み思案な子とそうではない子がいる場合がある。このような個人差は、その後の成長の中で、環境との対応のしかた、人間関係の構築のしかた、学習のしかたなどに影響していくことも想像できるだろう。

エフォートフル・コントロール

遊びにずっと長い間集中する子どももいれば、注意散漫で何か他のことがあると気がそれて、すぐに違うことを始めてしまう子どももいる。また、遊びの途中でルールが少しずつ変わっているのに、そのことに気づかず前のルールのまま遊び続けてしまい、他の子たちとの関係がうまくいかなくなってしまう子どももいる。

アメリカの心理学者メアリー・ロスバートは、このような子どもたちの個性を、「反応性」と「自己制御」という要素から捉えようとした。「反応性」とは、環境の変化に対する反応のしかたの個人差であり、「自己制御」はその反応を調整する働きのことを言う。これらは、子どもがどのように自分の行動をコントロールするかという個人差を意味する。

ロスバートたちは、行動をコントロールする気質特性の中でも特に、「エフォートフル・コントロール」という概念を提唱したことで知られている。[*15] エフォートフル・コントロールとは、継続している反応を抑制し、まだ現れていない反応を開始し、計画を立て、誤りを検出する能力と定義される。このように書くと少し難しい概念に思えるのだが、たとえばこの能力が低いことは、注意散漫になったり衝動が抑えられなくなったり、じっとしていられなかったりする傾向を表す。このように具体的な行動に結びつけて考えると、理解しやすいかもしれない。

私たちは普段、周囲からきわめて多くの刺激を受け取っており、その中で適切な刺激に注意を向けて生活している。たとえば、仕事や勉強をしながらも手元にスマホが置いてあると、集中すべきときに画面に通知が出て注意がそがれる。今この瞬間にしなければならないことに注意を向けて、不必要なところに注意を向けない能力は、刺激の多い現代社会に私たちがうまく適応していくために、まさに欠かせない能力なのである。

気質から性格へ

気質特性の特徴を考えると、それぞれの気質が成長してからの性格にもそのまま引き継がれていくように想像される。たとえば、活動水準や気分の質はビッグ・ファイブの外向性につながるように思えるし、順応性は協調性に、注意の範囲や持続性は勤勉性に、行動抑制傾向は外向性の低さ（内向性）や神経症傾向に、そしてエフォートフル・コントロールは勤勉性に関連するように想像される。ただし、気質は乳幼児期から児童期までの個人差を中心に考えるのに対し、ビッグ・ファイブは思春期以降を想定したモデルであることから、両者を一対一で対応づけることは簡単なことではない。

その中でも、いくつかの研究が行われている。たとえば、小学校低学年の子どもたちを対象にした研究である。[*16] この研究では、親が自分の子どもの行動抑制傾向とビッグ・ファイブの性格特性を評定し、その関連を検討している。その結果によると、子どもたちの行動抑制傾向の高さは、ビッグ・ファイブの性格特性のうち外向性や協調性の低さに関連していた。つまり気質としての行動抑制傾向をもつ子どもは同時に、内向的であるとともにあまり周囲に合わせないような性格上の特徴を示しやすいことになる。

また、14カ月の子どもたちを26歳になるまで追跡調査した研究がある。[*17] そしてその研究では、14カ月の段階の行動抑制傾向が、26歳になったときの内向的な性格特性に関連することが報告されている。さらにこの研究では、子どもの頃の行動抑制傾向が大人になったときの内在化問題傾向（抑うつや不安といった個人内の問題）にも関連することが示されている。もちろん、関連の程度はそれほど強いものだとは言えないものの、このような長期的な影響が見られるということは、何らかの脳神経科学的なプロセスが行動抑制傾向や内向的な性格の背後にあるのかもしれない。

気質の次元がそのまま大人になっても継続すると考える研究者もいる。これは、子どもの頃の活動水準の高さがそのまま維持されて大人になる、といったことを意味するのではない。活動水準という次元すなわち「ものさし」は大人になってもそのままなのだが、そのものさしの数値が成長とともに変化していくという考え方である。私たちは、生まれたときからたくさんの気質特性を表す「ものさし」をもって生まれ、そのものさしの指し示す数値が成長とともに上がったり下がったり変化していくイメージである。

養育スタイルによる影響

幼い頃の気質がそのまま性格につながっていくとは限らないという指摘もある。1歳と2歳、2歳と3歳といったように、1年くらいの間隔で気質を測定すると、両時点ではある程度気質が連続する様子がわかる。しかし、1歳と5歳や、1歳と成人の時点といったように、時期が離れていくと関連がほとんど見られなくなるという研究結果が報告されている。[*18]

子どもたちは、環境からの影響を何ひとつ受けずに成長していくわけではない。先ほど親の養育態度が子どもの気質によって引き出される可能性について触れたが、子どもの側も当然、養育態度からの影響を受けて変化していく。

ニューヨーク縦断研究を行ったアレクサンダー・トーマスとステラ・チェスは、環境適合モデルという考え方を提唱した。[*19] これは、子どもの気質と環境のあり方との組み合わせが子どもの行動や発達に影響を与えるという考え方である。たとえ子どもが引っ込み思案であったとしても、あるいは養育する側にとって難しいタイプの子どもだったとしても、その子にとって適切な環境を与えることがより良い適応につながり、その子に合わない不適切な環境を与えることは良くない結果につながるということである。

1980年代にカナダのケベック州で行われた、気質の類型と知能の発達との関連を検討した研究がある。[*20] 生後数カ月から4歳半頃にわたる調査から、全体的に気質は知能指数とは明確な関連を示さなかった。ところが、気質の類型が「難しい子ども」と判断された子どもたちは、家族のコミュニケーションが豊富な家庭で育つ場合、高い知能を示す傾向が見られた。気質的に難しく育てにくい子どもたちは、養育者との豊富な相互作用を必要とする傾向があるが、養育する側がその要請にうまく応えてしっかりと応答すると、発達上良い面が現れる可能性があると言える。これは、養育の大切さを示しているとも考えられる。難しい子どもがその後も問題のある子に育ってしまうことは、決して子どもたち自身だけの責任ではない。やはり、そこで大人たちがどのように対応して、子どもたちを見守っていくのかが大切である。

その一方で気質的に扱いやすい子どもの場合、親が特定の養育スタイルをとると、知能の発達が遅れる傾向があるとする研究もある。[*21] 厳しく過剰に子どもを統制するような、冷たい態度で子どもを自分のコントロール下に置くような養育スタイルをとると、気質的に扱いやすい子は知能指数がやや低くなる傾向にあるという。その一方で、気質的に難しい子どもの場合には、親がそのような養育スタイルをとったとしても、ほとんど知能の高さに影響を受けなかった。

もちろん、知能指数は子どもたちがうまく発達しているか、うまく適応しているかという数多くある指標の中のひとつに過ぎない。しかし、これらの結果を見ると、大人から見て育てやすそうで、情緒的に安定しており明るく「好ましそう」な子どもが、何もしなくてもそのまますうまく成長していくとは限らないことを示している。子どもの気質にうまく対応し、それぞれの子どもに応じてより良い環境を提供するのは、まさに大人の役割だと言える。

環境を呼び寄せる

さらに、子どもがもつ特徴と環境との組み合わせによって成長の結果が大きく異なるというプロセスの中には、子どもたち自身が周囲の環境を呼び寄せるような現象もある。

たとえば、足が速い子どものことを考えてみよう。小さな子どもたちが一斉にかけっこをしてみれば、足の速い子もいれば遅い子もいるものである。もしかしたらそれまでの遊びや生活環境が足の速さに影響するのかもしれないし、生まれながらの素質も関係しているのかもしれない。そして、足の遅い子に比べて速い子は走ることが楽しくなり、遊びの中でも走りまわることを好むようになる。すると、ますます足の速い子と遅い子の差が開いていく。小学校に入学すれば、体育の授業や運動能力テストを通じて、さらに足の速さの差が認識されていく。本人も「自分は足が速い」と自覚するようになり、ますます走る機会を増やしていく。そして足の速い子は運動が得意だと思うようになり、サッカーや野球などのスポーツも得意になり、走りに関連するトレーニングをさらに重ねていく。もしかしたら、運動会のリレーの選手や陸上の選抜チームに抜擢《ばってき》されることがあるかもしれない。すると、もともと足の速かった子と遅かった子の「足の速さ」の差がさらに開いていくことになる。

この例は「足の速さ」というひとつの観点を見たに過ぎない。人生の中にある多様な領域それぞれについて、これと同じようなことが起きていると想像してみよう。すると、私たちが取り組む課題の多さ、環境の多様さ、そこで起きる組み合わせの複雑さをイメージすることができる。

子どもがもつ個性はその個性を伸ばすような環境を呼び寄せ、さらにその環境がその子の個性を開花させていく。このようなサイクルが個性を際立たせていく。私たちそれぞれがもつ個性は、人生の歩みそのものだとも言えるのである。

2　性格はいつ完成するのか

性格は3歳で完成する?

性格は何歳で完成するのだろうか。

子どもの気質は環境と組み合わさり、成長とともにさらに複雑な経路をたどっていく。その一方で、「何歳までの環境がとにかく大切で、何歳で性格は完成する」という考え方にも根強いものがある。特に「三つ子の魂百まで」ということわざがあるように、「3歳で性格は決まるのでは」という意見はよく耳にする。

しかし、ここまで見てきたように、幼児期から児童期を通じて気質は環境との間にダイナミックに相互作用を起こし、気質自体も変化していくと考えられる。そのようなことを踏まえると、「3歳で性格が完成する」とは考えにくいのではないだろうか。

さらに調べてみるとほかにも、「10歳で決まる」「12歳で決まる」「20歳くらい」など、さまざまな意見がある。では、実際にはどうなのだろうか。ある年齢で性格が決まってしまい、もうそこから変わらないということが本当にあるのだろうか。

完成とは

この問題を考える前に、「性格が完成する」とはどういうことなのかを押さえておきたい。「性格は何歳までに完成するのですか」という疑問は、学生からもよく出されるもののひとつである。しかし、この疑問にはいくつかの前提があり、その共通理解がないとお互いの理解はなかなか進まない。

まずは、「性格」である。類型的な性格の捉え方を想定するか特性的な捉え方を想定するかで、「完成する」の意味がずいぶん変わってくる。たとえば類型的に性格を捉えていると、「外向的なタイプ」と「内向的なタイプ」との間にはずいぶん大きな開きがあり、ある人がいったん「外向的なタイプ」と判断されれば、なかなかそこから「内向的なタイプ」には移行しないものだと想像してしまう。すると、性格のことを考える際に「いったん決まった性格はなかなか変わらないだろう」という先入観を抱きがちになる。

ここでは性格を類型ではなく、特性で捉えてみる。また、性格全体ではなく個別の性格特性を問題とする。つまり、ある性格特性の数直線を考え、その数直線上のどこかに個人が位置すると考える。そしてそのような数直線が複数あることを想定する。これは身長や体重を例にして考えればわかりやすいのではないだろうか。身長と体重は、関連しながらもそれぞれが別の次元の数値、つまり別の数直線を意味する。そして、生まれてから身長は次第に大きく、体重も重くなっていき、どこかの年齢であまり変化しなくなっていく。多くの場合、中学生や高校生時代、思春期の第二次性徴が終了すると身長の伸びは止まり、身体の大きさに規定される体重の基本的な枠組みが決まっていく。身長や体重について「この年齢で完成する」ということを考えた場合、それは第二次性徴に伴う身体の変化が一段落つく、10代半ばから後半くらいだと言えるのではないだろうか。

しかし、身長と体重は同じではない。身長はいったん伸びが止まると、特定の病気を除けば高齢になるまでそこから急激に縮んでいくことは考えにくい。その一方で体重に関しては、もちろんあまり変化しない人もいるだろうが、生活スタイルに影響されながら上下動を繰り返していく。そして多くの場合、年齢とともに増加する傾向がある。同じように「このあたりの年齢で完成するだろう」と考えられる複数の身体の要素を考えても、身長のようにその後あまり変動しない側面もあれば、体重のように大きく変動する可能性がある側面もある。

性格について言えば、身長のようにある時点で変動が完全に止まってしまうことは考えにくい。体重のように、さまざまな影響を受けながら少しずつ変動していくイメージで捉えるとよいのではないだろうか。そしてこのように考えると、「性格が何歳で完成するのか」という時の「完成」の意味とは、「あまり変動しなくなる」ことだと言える。

性格が何歳で完成するかを確かめるためには、年齢に伴って性格特性の変動を見ていき、あまり変動しなくなる年齢がいつなのかを探ればよいということになる。

4つの変動

さらに話は少しややこしくなるのだが、この「変動」にもいくつかの種類がある。この問題を考えるときに重要な観点となるので、詳しく見ておきたい。

ひとつは、個人内の変動を捉えようとするものである。この中にはさらにふたつの考え方が含まれている。まず、個人のある性格特性の得点が時間を経て変動するかどうか、という考え方である。これはたとえば、外向性の得点（数値）が時間とともに変動していくことを指す。また個人がもつ複数の性格特性の得点パターンが変わっていくかどうか、という考え方もある。たとえば以前は外向性が他の得点よりも高かったが、現在は外向性の得点が下がり、協調性の得点が顕著になっている、といったような複数の性格特性のバランスの変動である。

もうひとつの考え方は、集団の変動を考えることである。そして、集団の変動の捉え方についても、さらにふたつに分けることができる。まず、平均レベルの変動に注目することである。子どもたちが成長していくにつれて、身長が伸びていく。これは平均値が次第に上昇することによって表される。もちろん、個々の子どもに注目すれば、各自の身長の伸び方にはばらつきがある。しかし全体を見れば、徐々に身長が伸びていく様子は、集団における平均値の伸びによって表される。次に、集団の中の順位の変動という考え方である。身長が伸び盛りの時期で、個々人の身長の伸びに大きなばらつきがあるのならば、以前は上位の身長だった子どもが数年後には順位を下げ、下位に位置していた子どもの身長が一気に伸びて上位になるという現象が見られるはずである。そして、身長の成長が一段落つき、もうあまり身長が伸びなくなれば、順位の入れ替わりはほとんど起きなくなる。つまり、一定の時間をおいて集団を見たときに、ある性格特性の得点について順位の変動が起きなくなれば、その特性は「完成した」（つまり、ある程度「変化が起きる時期が終わった」）と考えることができる。

安定するのは50代以降か

アメリカの心理学者ブレント・ロバーツらは、順位の変動に注目して「何歳で性格が完成するのか」という問題にひとつの回答を示したことで知られている。[*22]

この研究の優れたアイデアは、すでに行われている研究を統合していくことで、年齢段階ごとの性格の変動を検討しようと試みた点にある。心理学では、同じ調査対象者に数ヵ月や数年の時間を空けて再度調査をする研究が数多くある。そこで、そういった再調査をしている研究を収集し、最初の調査と再調査で得られたデータの関連についての統計値を集めていく。そして、メタ分析という研究手法で、先行研究で報告された統計的な値を統合していく。ひとりの研究者にできる調査には限界がある。しかし、これまでに行われた研究をメタ分析の手法で統合すれば、非常に広い範囲における性格の変動について、全体的な研究知見を得ることができるというわけである。

ロバーツらは、とにかくどのような性格特性でもよいので、2度の調査を行って順位の変動を意味する関連の強さを検討している論文を収集していった。それぞれの研究では、数ヵ月間隔から数年間隔で2回の調査が行われている。そして集められた研究では、3歳未満から70歳以降までが含まれている。そこで、年齢段階ごとに初回の調査と2回目の調査との関連の強さを統合していったのである。

その統合された関連の強さは、**表1**のようなものであった。

多少上下しながらではあるが、年齢とともに次第に数値が大きくなっていく様子がわかる。そして、50歳以降になるとその大きさは0・70を超えるようになる。この数値の大きさを、「順位の入れ替わりの少なさ（つまり性格の変動の少なさ）」だと考えるならば、比較的若い時期に性格が「完成する」と考えることにはちょっと無理があると言える。性格特性はある程度安定しつつ変化もし続け、50代以降になると比較的安定度が高まってくるという結論になるだろう。

表1●年齢段階ごとに見た、2回の調査間の関連の強さ

年齢段階	関連の強さ
3歳未満	0.35
3歳以上6歳未満	0.52
6歳以上12歳未満	0.45
12歳以上18歳未満	0.47
18歳以上22歳未満	0.51
22歳以上30歳未満	0.57
30歳以上40歳未満	0.62
40歳以上50歳未満	0.59
50歳以上60歳未満	0.75
60歳以上73歳未満	0.72

年齢でどう変わるか

次に、集団を対象にした変動のもうひとつの観点である、平均値の変化についても考えていきたい。[*23] この研究も、ロバーツらが行ったものである。

ここでもメタ分析の手法が用いられている。先ほども述べたように、過去の研究の中には、性格の調査と再調査を行った研究が多数存在する。1回目の調査の平均値と2回目の調査の平均値の差を報告している研究を集めることで、その「差」を統計的に統合できる。そこで年齢段階ごとに差を統合すれば、どの年齢段階でどのような性格特性が上昇し、どれが下降するかがわかる。

外向性の一部である社会的活力の次元は、20代と60代でやや低下傾向を示すものの、生涯にわたって大きく変動する様子はあまり見られなかった。その一方で、外向性の一部である社会的支配性は、10代から30代にかけて次第に上昇し、40代以降はあまり変化しない傾向にあった。また社会的支配性は、18歳から22歳の大学生の時期に比較的大きく上昇する様子が見られた。社会的活力は、社会性や多くの人々と一緒にいるのを好む傾向を意味する。それに対して社会的支配性は、社会的な場面で人より優位な立場であろうとする傾向や、独立性、自信などを意味する。したがって、人よりも優勢でいようとする外向性の一面は、特に思春期から成人期にかけて上昇する傾向にあると言えそうである。

情緒安定性（神経症傾向の逆）も、10代から40代にかけて上昇する傾向を示し、その後は大きく変わらない傾向にあった。抑うつ、不安、怒りといったネガティブな感情の揺れ動きは青年期から成人期にかけて次第に安定し、穏やかな感情状態になるのかもしれない。

勤勉性の性格次元は、成人期になった後で上昇する傾向が見られるようである。大学の時代が終わる22歳以降で上昇する様子が見られ、60代でも上昇する可能性がある。この性格特性の平均値に関しては、比較的年長の年齢段階で上昇していく点が特徴的だと言える。

協調性は、50代で比較的大きく上昇する傾向が見られたものの、その変動の大きさは全体的に小さかった。しかし、少しずつ全体的に上昇する傾向は生涯にわたって見られるようである。

また開放性については、18歳から22歳で上昇、60代になると低下という、若い時代に上昇傾向、高齢になると下降傾向というトレンドを描いていた。

性格特性の平均値に注目すると、多くの人の得点が一斉に上昇したり下降したりする様子を描くことができる。そして、性格特性の中にはある年齢でその変化が止まるものや、生涯にわたって変化し続けるものもある。やはり、性格は「何歳で完成する」と言えるようなものではなく、変化し続ける可能性を秘めたものだと考えるほうが良さそうである。

変化する年代、安定する年代

さらにこのロバーツらの研究では、性格特性をそれぞれの年齢段階でまとめることで、全体的な変化の大きさを推定している。その分析結果によると、性格全体では10代から30代くらいまで平均値の変化量は比較的大きく、40代以降になると小さくなっていく様子がわかる。特に40代と70代以降の変化は小さく、50代と60代はそれらに比べるとやや大きい。

このような変化は、人生で多くの人が経験する出来事に関連しているように見える。10代から30代は学校から学校への移動もあり、学校から社会への移行、結婚や出産など環境が大きく変化しやすい。40代は家庭も仕事も比較的安定している時期であり、それが50代になると子育てが一段落し、親との死別など多くの人々の間で家庭環境の変化が起きるようになってくる。そして60代になると、退職や子どもたちの独立といったように、ふたたび大きな人生の岐路に立つ場面が増えてくる。

性格特性の変化量を年齢段階別に見ていくと、このような大きな環境の変化に対応しているように見えるのである。もちろん、時代が変わればそれぞれのライフイベントが何歳頃に生じるかは変わってくるだろう。とはいえ性格という個人の特徴を見ているにもかかわらず、人々の一生涯の道筋をたどっていくかのように見える点が興味深い。

年齢によるビッグ・ファイブの変化

メタ分析は興味深い結果を提供するが、過去の研究を集めていることから、性格の測定内容は統一されずバラバラなものになっている。実際にビッグ・ファイブを測定する特定の尺度を用いて非常に多くの人々に調査をし、平均値の変化を描いたらどのような結果になるのだろうか。

アメリカの心理学者クリストファー・ソトーらは、きわめて大規模なデータからビッグ・ファイブの平均値の年齢に伴う変化を検討している。[*24] 調査の対象となったのは、実に１２０万人以上の人々である。年齢の範囲は10歳から65歳であり、インターネット経由のオンライン調査でデータが収集された。この研究では、10歳という比較的若い年齢段階から調査が行われている点と、ビッグ・ファイブの５つの特性の下位次元についても年齢による平均値の変化が検討されている点が特徴的である。得られた結果についてはグラフを見ていただくのがいちばんだろう。

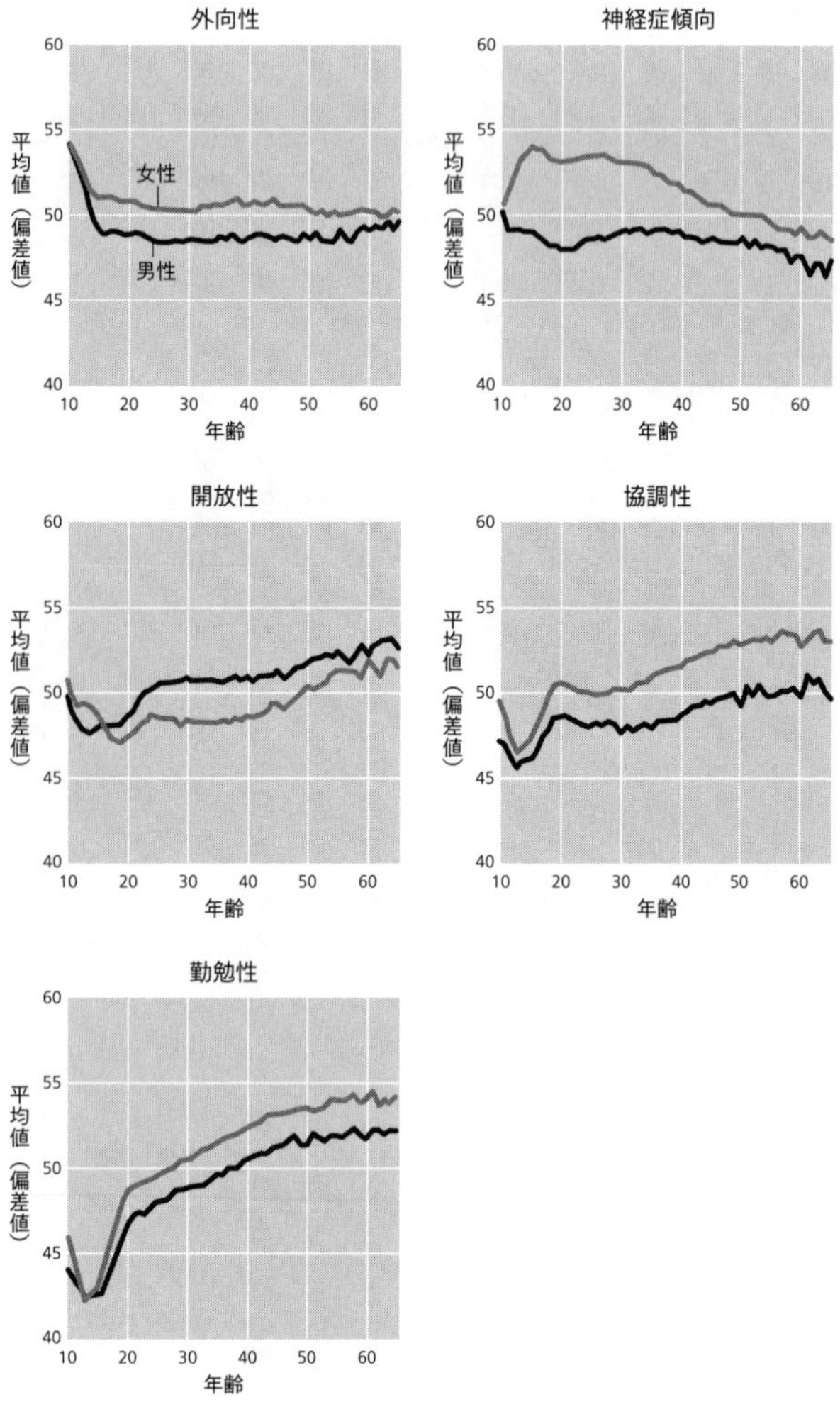

図1●ビッグ・ファイブの年齢に伴う変化（Soto et al. 2011に基づき作成）

図1は、ソトーらの論文の結果を図示したものである。図の縦軸は、偏差値に換算した平均値が示されている。

まず、どのグラフも10代の変化の大きさが目につく。児童期から思春期にかけて、平均値に大きな変動が起きる様子が描かれている。今から100年以上前、アメリカの心理学者スタンリー・ホールは、青年期のことを「疾風《しっぷう》怒濤《どとう》の時代」と呼んだ。*25 これは、青年期には快-不快や自信-謙虚といった対立する感情の揺れ動きが特徴となるという考え方である。ただし、理論的には青年期にそのような特徴があるだろうと言われてきたものの、本当にそういう特徴があるのかどうかについては、あまり明確になっていなかった。思春期・青年期における、それぞれの性格特性の値の大きな揺れ動きは、まるでホールの青年期の捉え方が100年後に証明されたかのように見える。

また男女の違いを見ると、神経症傾向、外向性、協調性、勤勉性については全体的に男性よりも女性の平均値のほうが高く、開放性は男性のほうが高い。こうした男女差が意味することについては、第4章で詳しく見ていきたい。

そして、ビッグ・ファイブそれぞれの特性は、年齢に伴って特徴的な変化を示すことがわかる。外向性は、男女とも児童期から思春期にかけて一気に低下し、その後はあまり変化することなく経過していくようである。外向性や内向性は、平均値で見ると年齢に伴う大きな変動が起きず、安定しているようである。

神経症傾向は女性だけが思春期に上昇し、その後成人期を通じて低下していく。男性でも成人期を通じて神経症傾向はやや低下していくが、女性のような思春期での急激な上昇は見られない。いずれにしても男女とも基本的に、年齢に伴って情緒安定的な方向へと進んでいくように見える。これは先ほどのメタ分析の結果と一致している。

開放性は児童期から思春期にかけて男女の平均値が逆転し、その後は男女とも大きく変化することなくやや上昇傾向を見せながら高齢期まで至るように見える。そして協調性と勤勉性については、思春期に一時的に低下する傾向を見せた後、成人期を通じて上昇するように見える。

さて、もしもどこかの年齢で「性格が完成する」のであれば、すべてのグラフがおおよそ水平になる年齢が存在するはずである。ところがグラフを見るかぎり、特に神経症傾向や協調性、勤勉性に関しては、一生涯上昇し続けていくように見える。

どうも性格というものは、年齢とともに一定方向に進んでいく側面がありそうである。

思春期の揺れ動き

この研究で見られた思春期・青年期の平均値の揺れ動きについて、もっと詳しく検討した研究がある。[*26] この研究では、6歳から20歳までの5つの時点で調査が行われており、母親が6歳から17歳の自分の子どもの性格を、子ども自身が9歳から20歳までの性格を評定している。

先ほどの120万人以上のデータでも児童期から青年期にかけて外向性の平均値が低下していたが、この研究でも同じように6歳から直線的に低下していく様子が報告されている。子ども自身が評価した場合でも、親が評価した場合でも、男児でも女児でも同じ傾向である。どうも、青年期を通じて外向性の平均値は低下していくものであるようだ。

子どもたちを見ていると、小学校低学年の頃は活発だったのに、次第に成長とともに落ちつき、口数も少なくなり、それほど活発に外で走りまわらなくなっていく変化に気づく。そうした変化が、この外向性の低下に表れているように見える。こうした活発さから落ちつきへの変化自体が、子どもたちが成長するということなのかもしれない。

ビッグ・ファイブの開放性に対応する特性については、児童期から青年期の前半にかけて低下し、青年期の終わりの時期にふたたび上昇する傾向が見られた。また情緒安定性（神経症傾向の逆）については、女子の得点が青年期にずっと低下し、情緒不安定的になっていく様子が報告されている。協調性や勤勉性に対応する性格特性については、児童期の終わりに上昇、思春期に入ると低下、そして10代後半になるとふたたび上昇する傾向が見られた。

これらの結果は、先ほど紹介した大規模な調査結果に驚くほど共通するものになっている。また、性格を本人が評定した場合と親が評定した場合でも、もちろん完全にではないものの、ある程度傾向が似てくる点が興味深い。やはり思春期に性格の平均値が比較的大きく変動するのは確かなようである。そしてこの変化は、身長や体重の平均値が伸びていくように、全体的に同じ方向に進んでいく。

またこの研究では、親の養育態度と子どもの性格との因果関係についても検討されている。確かに両者に関連はあるのだが、性格の変動と親の養育態度のどちらがどちらに影響を及ぼすかという因果関係については、明確な結果が得られているわけではない。親子の関係は、子どもがこうだから親がこうなるとか、親がこうだから子どもがこうなるという単純な関係ではないようである。親の育て方は子どもの性格の変化だけでなく、さまざまな状況に合わせつつ、並行して変化していくものだと言えるだろう。

日本の場合

さて、それでは日本の場合はどうなのだろうか。いくら120万人以上のデータに基づく結果であったとしても、欧米と日本では状況が違うことも考えられる。文化も異なり、世の中の仕組みも違う面が多々あるからである。日本では年齢に伴う性格の平均値はどう描かれるのだろうか。

日本人を対象とした調査から、年齢に伴うビッグ・ファイブの変化を検討した研究がある。この研究では23歳から79歳までの約4500人を対象にした調査をもとに、年齢に伴う性格特性の平均値が検討されている。[*27] そして、日本で得られた結果も、ソトーらによる英語圏の結果ととてもよく似たものとなっている。

外向性については、男性よりも女性のほうが、平均値が高い傾向にあった。そして、年齢を経てもあまり変化しない傾向がある。神経症傾向は、若い年代で女性の平均値が男性よりも高く、その後年齢とともにその差が小さくなっていく。また、全体的には年齢とともに低下する傾向が見られる。開放性は、女性よりも男性の平均値が高い。また、年齢に伴ってあまり変わらない傾向がある。協調性は、男性よりも女性の平均値が高く、年齢に伴って次第に上昇していく。勤勉性は、男女の平均値の差はほとんど見られず、年齢とともに上昇する傾向が見られる。

特に協調性と勤勉性は、海外の結果と同じように、年齢とともに平均値が上昇する傾向が示されている。やはり日本でも、成人期を通じて性格は変わっていき、よりやさしく、よりまじめで、そして情緒的に安定する方向に進んでいくようなのである。

縦断的なデータによれば

ここまでは、一度の調査で多くの年齢層に調査をすることで、年齢との関連を検討した研究を紹介してきた。このような調査方法を、横断的な研究という。先にも述べたように、同じ調査対象者に対して時間をおいて複数回調査を行っていく方法を縦断的な研究という。では同じ人物に数年おきに調査をしたときに、本当に特定の性格特性の平均値が横断的な研究結果と同じように変化するのだろうか。

アメリカの心理学者ウィリアム・チョピクと北山忍《きたやましのぶ》は、日本とアメリカで行われた縦断的なデータを用いて、ビッグ・ファイブの年齢に伴う変化を検討している。[*28]

アメリカのサンプルの結果からは、年齢とともに神経症傾向が低下し、外向性もやや低下し、協調性と勤勉性は次第に上昇すること、勤勉性は高齢になるとやや低下することが示されている。それに対して日本は、全体的には同じような傾向を示すものの、細かく見るといくつかの違いが見られた。たとえば、外向性はアメリカも日本も年齢とともに曲線的に低下していくのだが、日本のほうが全体的に低く緩やかな曲線を描く。神経症傾向は日本もアメリカも、年齢とともに直線的に低下していくのだが、日本のほうが低下の傾きがやや大きい。協調性は日本よりもアメリカのほうが高く、両国とも成人期を通じて曲線を描きながら上昇傾向を示す。勤勉性も全体的に日本よりもアメリカのほうが高く、年齢とともに上昇していくのだが、曲線のピークがアメリカでは40歳頃、日本では60歳以降になっている。開放性も日本よりアメリカのほうが高く、両国とも成人期を通じて少しずつ低下傾向を示す。

このように日本とアメリカを直接的に比較すると、同じようなトレンドを描くものの細かい点は異なる様子がわかる。ただし、この調査で用いられているビッグ・ファイブを測定する尺度についてはやや疑問が残る部分もある。したがって、この研究の結果のうち細かい部分をどこまで解釈すべきかについては慎重に考えておいたほうがよいかもしれない。

ではもっと多くの国を比較してみると、どうなるのだろうか。世界中で年齢に伴う性格の変化がおおよそ同じように起きるのだろうか。アメリカの心理学者ウィーブケ・ブライドンらは、世界62カ国、88万人にも及ぶデータを分析している。[*29] そして、多くの国に共通する傾向として、成人期に神経症傾向が低下し、協調性と勤勉性は上昇することを報告している。

もちろん、国によって変化の傾きの大きさが変わったり、変化が生じるポイントが変わってきたりすることはある。しかし、全体として見ると、おおよそ同じような傾向が見られるという結果が報告されているのである。

百寿者の特徴

全体的に、成人期を通じて協調性と勤勉性が上昇し、特に女性については神経症傾向が低下するという傾向を見てきた。では、もっと高齢になった場合にはどのような特徴が見られるのだろうか。

東京都健康長寿医療センター研究所の増井幸恵《ますいゆきえ》らによる、日本の超高齢の人々を対象にした研究がある。[*30] この研究では、認知的に問題がない100歳以上の高齢者と、60歳から84歳の男女を対象に調査が行われている。まず、60歳から84歳のデータから、100歳の時点でそれぞれの性格特性の得点がどれくらいになるかを統計的に推測する。そして、実際に100歳以上の得点がその予測に対してどのような位置を示すか、予測どおりなのか予測より高いのか低いのかを検討する。より若い人々の得点から100歳以上の得点を予測する統計的なテクニックを用いている点が、この研究の特徴である。

では、どのような結果が得られたのだろうか。

男性については、百寿者の開放性の得点が予測よりも高い位置にあり、他の性格特性については予測とおおよそ同じであった。その一方で女性では、外向性、開放性、勤勉性が予測よりも高い得点を示していた。60歳から84歳という調査対象者も十分に高齢なのだが、100歳以上ではそこから予測した得点よりもさらに外向性と勤勉性、そして特に男女ともに開放性が高いという結果が示された。男女ともに高得点となった開放性は、知的好奇心や思考の自由さ、興味の広さ、知的活動への動機づけなどに関連する。

ときおり、日本で最高齢になった方のニュースが報道される。その記事の中でよく見られる内容を思い出してみてほしい。よく新聞を読んだり、人々との会話を楽しんだり、ゲームをしたり、知的で新しい話題や事柄に興味を抱く様子が書かれることが多くはないだろうか。このような特徴は、まさに開放性の高さに関連するものだと言える。

成熟の原則

性格が一定の方向に進みつつ、次第に安定性を増していくという現象は、何を意味しているのだろうか。ひとつは、私たちの生活している社会が、そのような性格特性を求めているという観点である。

生活する社会の中でうまく適応するように、人々の性格が年齢とともに全体的に変動していくという考え方は、成熟の原則と呼ばれる。[*31] もちろん例外は多々あるにせよ、年齢とともに、社会の中に溶け込み、社会の中のどこかに居場所を見出し、それぞれの立場や状況の中でよりうまく機能する人が増加していく。

若い頃はどこか無理をしているように感じる人でも、大人になると自分の居場所を見つけてそれなりに、それほど悩まず、楽に生きられるようになることが多い。それは、各自の性格に合った居場所を見つけていくことに理由があるのかもしれない。私たちは、生きているうちに社会の中を少しずつ動いていき、より適材適所と言えるような場所を探していくものではないだろうか。

累積的な一貫性の原則

性格の安定性は生涯を通じて徐々に上昇していき、50代から60代以降は比較的安定するものの、完全に固定されることはない。これは、累積的な一貫性の原則と呼ばれる。このような現象が生じるのには、いくつかの要因が考えられる。

まずは、遺伝的な要因である。環境の要因は性格を短期的に変化させる可能性があるが、遺伝要因はその揺れ動きをもとの位置に戻すような機能をもつ可能性がある。

次に、性格のような個性は、ある人を人生の中で特定の場所に誘うような機能をもつ。これを「ニッチの形成」と表現することもある。人生の中で自分の特徴がもっとも活《い》かされるような場所を探し、あるいは作りだし、その居心地のいい場所に安住しようとする傾向が私たちにはある。そして、もしもその居場所の確保に成功したならば、環境が継続するかぎりもうそれほど性格を変容させる必要性が生じないため、性格が継続していく可能性があると考えられるのである。

3つ目の要因は、アイデンティティを形成してそれを維持するプロセスにかかわるものである。自分自身が社会の中で居場所を見出し、「自分はこれで生きていくのだ」と確信をもつことができるようなアイデンティティの達成は、その後も自分がそのまま継続していこうとする動機づけを生みだす。また、周囲の人もその人のアイデンティティを認めるようになっていくと、さらに自分の個性をそのまま継続していこうとする動きにつながっていく。

さらに4つ目の要因として、人生の中でうまくいくこと、適応すること、正常に発達することそのものが、性格を変化させない方向に促していく可能性を挙げることができる。外向性と協調性が高く人間関係が良好で、勤勉性が高く計画的で課題をうまくこなすことができるような適応的な人物であれば、わざわざ自分の性格を変えていく必要もないと考えられるのである。

これら4つが、成人期を通じてより適応的な方向に平均値が変化しつつ、安定性が増加していくように機能する要因だと考えられる。

一致の原則

私たちは人生の中で何かを選択する際に、自分自身の性格に一致する選択をする傾向がある。これを一致の原則という。私たちは選択の際に、自分にとって心地よいものを選びがちだからである。

そして、人生の中で繰り返される選択は自分の周りの環境を形作り、さらにその環境は自分の性格にも影響を及ぼしていく。たとえば、外向的な人物は機会があるたびに、リーダーシップをとるような選択を行う傾向が多いだろう。そして、そういう立場に立つことは、その人物の外向的な特徴をさらに伸ばしていくことにつながる。

私たちは自分の環境を、自分自身で形作っていく。もちろん、それは常にうまくいくわけではない。数々の不確定な要因も人生の中には存在している。しかし、それは完全にランダムで統制できない、というものではない。まるで自分の周りに波長が合った波を立てていくように、完全にランダムな状態から少しだけ自分に合った環境を作り上げ、そこからまた自分の性格を形作っていく。このことが、性格が全体的に徐々に適応的かつ安定したものになっていく一因であると考えられる。

人生を捉える感覚

時間の感覚について調べた大規模な研究の結果がある。[*32] その研究知見によると、私たちは現在を基準に考える傾向があり、過去に大きな変化が生じてきたと認識しがちな一方で、これまでに起きたような変化が将来に起きるとはあまり考えない傾向にある。研究者たちはこのような時間の流れの捉え方を、「歴史の終わり幻想」と呼んでいる。私たちはついつい「人生はここまでである程度完成」であり、これからも同じくらい変化に満ちた人生が起きるとは考えないようにしてしまう。しかし、私たちの人生は、これまでの過去と同じようにこれからも変化が生じていくものなのである。

もしかしたらこのような感覚が、「どこかで性格が完成する」という考え方につながるのかもしれない。実際には、性格はこれまでと同じようにこれから先も、安定しつつも徐々に変化していくものなのだが、その将来の変化を少なく見積もってしまうのである。私たちは私たち自身でありつつ、変化もし続ける存在であることを認識しておきたい。

第2章　国民性・県民性は存在するのか——性格と住む場所

1　国際比較でわかること

ステレオタイプ

どこの国にも「お国柄」というものがある。ある国で生まれ育った人々は、その国の文化に独自の振る舞いをするものだと、多くの人が信じている。

日本人はおとなしくてやさしくて、内気で、よそよそしい。フランス人はプライドが高くてマナーにうるさい。ブラジル人は陽気でフレンドリーで、明るくてポジティブ。イギリス人は親切で礼儀正しいけれど、気難しい（図2）[*33]。

図 2●英国人風の丁寧な助けの求め方
（左の「助けて！」一言では無視する紳士が、右のように「大変申し訳ありません。お手を煩わせて大変恐縮ですが、助けていただけますでしょうか、もちろんご迷惑でない範囲で結構です」と述べれば助けてくれる。from the *How To Be British Collection* ©LGP, Brighton, UK www.lgpcards.com）

時にこのようなイメージはジョークとして扱われ、自虐的な笑いの対象にも、攻撃的な笑いを狙ったものとしても用いられる。そして、このように言われることを不快に思う人も多い。

ある集団に属する人々の特徴についての独自のイメージのことを、ステレオタイプという。

たとえば「女性は理系の科目が苦手だ」「東大生はエリート意識が強い」「早稲田の学生はバンカラで、慶應の学生は育ちが良い」「関西人はおしゃべり」「黒人はスポーツが得意」……これらのように、あるグループに属する人々の特徴を、全員を代表するかのように表現することが、ステレオタイプの例である。

このようなステレオタイプを抱いてしまう理由のひとつは、それが複雑な現象から平均的な傾向を導き出そうとする、私たちがもつ認知的な特徴そのものだからである。私たちは複雑な世の出来事を、ひとつひとつ細かく吟味しながら物事を判断しているわけではない。できるだけすばやく、楽に、負荷がかからないように、そしてある程度は正しく判断しようと試みるものである。そして、このようなすばやい判断を行う能力があったからこそ、私たち人類は自然界でうまく生き残ってきたのだと考えることもできる。

また、ステレオタイプはいつも必ず間違った判断になる、というわけでもない。情報の一部からすばやく全体を判断することは、多くの場合にはおおよそ正しく、だからこそ私たちはそのような判断を日常的に繰り返している。しかし時に、ステレオタイプを過信してすべてに当てはめようとしたり、間違っているにもかかわらずそれを訂正しなかったりして、他者に苦痛を与えるような判断を下してしまうことがある。

偏見と差別に陥らないこと

ステレオタイプの中でも、特定の集団に属する人々に対して好意的ではないイメージを当てはめて判断することを偏見と呼び、偏見に基づいて実際に判断を行ったり行動したりすることを差別という。

今私たちが生きている世界では、聞こえてきた動物の鳴き声が自分の命を狙うものであるかどうかを判断する必要も、目の前の人間が自分の命を狙う敵であるか味方であるかをすばやく判断する必要もない。むしろ、その必要もないのに相手を敵とみなしたり、排除の対象としたり、本当はそうではないのに「この集団に属する人だからこういう特徴があるはずだ」と無用な特徴を当てはめたりするといった弊害のほうが目立つようになっている。2020年の新型コロナウイルスによる感染症拡大の中でも、そうした弊害はいくらでも見ることができる。

なぜここでステレオタイプについて触れたかというと、これからこの章で紹介する研究の内容が、ステレオタイプに結びつく危険性を秘めたものだからである。

そもそも実際に、性格特性に地域差が見られるのだろうか。また、もし見られたとしたら、それは多くの人々が抱くステレオタイプと一致しているのだろうか。また、その地域差は何を意味しており、その背景にはどのような意味が隠されているのだろうか。もしかしたら地域間で見られる違いは、歴史的にも文化的にも、大きな意味があるものかもしれない。たしかにそうだとしても、その研究結果を無理に全員に当てはめたり、その研究結果に基づいて偏見を投げかけたりするようなことは避けておきたい。この点は、常に気をつけるべきことである。

ではこのようなことに留意しながら、性格の地域差が実際にどのようなものであるかを見ていくことにしよう。

51カ国の性格地図

アメリカの性格心理学者ロバート・マクレーとアントニオ・テラシアーノらは、51ヵ国・地域で調査を行い、性格による各国のプロフィールを描き出している。[*34] 調査の対象は日本も含め、世界の主な大陸にまたがる51ヵ国・地域に住む、総計1万2000人以上にものぼる。なおこの調査では、自分がよく知っている男子大学生、女子大学生、40歳以上の成人男性か成人女性のいずれかを対象に評定するように求めている。自分自身を対象に評価するのではなく、一般的に人々をどのように捉えるかという傾向が結果に反映すると考えるとよいだろう。

この論文の中では多くの結果が報告されているのだが、中でも図3に示したグラフが興味

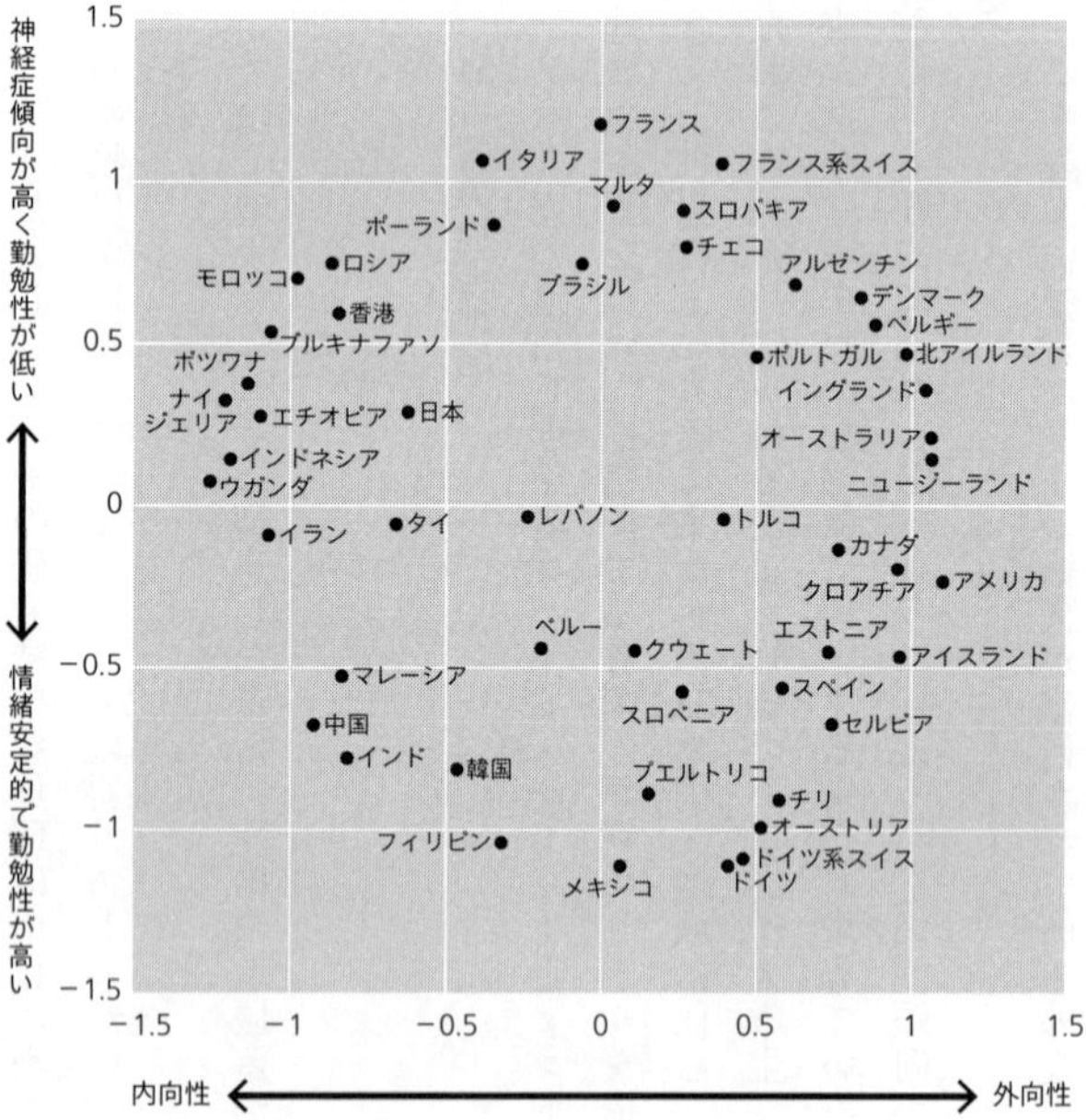

図3●世界の各地域を性格特性によって集約したグラフ
(McCrae et al. 2005bに基づき作成)

深い。このグラフでは、おおよそ縦軸が神経症傾向の高さと勤勉性の低さ、横軸が外向性の高さに対応している。中央の右のほうには、アメリカ合衆国、ニュージーランド、オーストラリアが並び、そのやや左側にカナダやクロアチアが位置している。これらの国は、神経症傾向はおおよそ中程度で、外向的な国々だと言える。

また、下のほうを見ると、メキシコやドイツ、ドイツ系スイス、オーストリアにチリなど、中南米と中央ヨーロッパの国々が見られる。これらの国は、やや外向的で、情緒安定的であったり勤勉であったりする特徴をもつ地域である。

左の端のほうを見ると、ウガンダにインドネシア、ナイジェリアやボツワナ、イランにタイなど、アフリカ諸国とアジア諸国が位置している。これらは内向的な方向に位置する国々であり、日本もこの近くに配置されていることがわかる。

上のほうには、フランスにイタリア、ブラジルにチェコにポーランドなど、中央よりもやや西側のヨーロッパに位置する国々がある。この位置は、神経症傾向が高かったり、勤勉性が低かったりする特徴を示す。

さて結果を見ると、全体的にそれぞれの国のステレオタイプに当てはまるような配置になってはいないだろうか。アメリカやオーストラリアは外向的なイメージであるし、日本はやはり内向的なイメージをもつ人が多そうである。また下のほうに位置するメキシコは労働時間が長く、実はドイツなどと同じく勤勉な国だとも言われている。[*35] イタリアやブラジルといった国は日本に比べると、時間にルーズなイメージがある。もちろん、調査に回答する人々は、ほかの国と比較しながら回答をしているわけではない。それにもかかわらず、結果的にそれぞれの国の特徴が見えるように思えるのが興味深い。

56カ国のビッグ・ファイブ

さらに、世界56カ国のビッグ・ファイブを比較したデイヴィッド・シュミットらの研究がある。[*36] 調査に参加している地域は、北アメリカ3カ国、南アメリカ5カ国、西ヨーロッパ8カ国、東ヨーロッパ11カ国、南ヨーロッパ6カ国、中東4カ国、アフリカ7カ国、オセアニア3カ国、南・東南アジア5カ国、そして東アジア4カ国である。日本は東アジア地域の一国として調査に参加している。調査の参加者総数は約1万8000人であった。なおこの研究では、自分自身を評価する形で、性格が評定されている。

この論文の中では、ビッグ・ファイブの5つの性格特性それぞれについて、世界各地域の平均値を比較した分析が行われている。たとえば外向性については、東アジアが他の地域に比べて少しだけ低い値を示していた。また協調性と勤勉性については、アフリカが他の地域よりも高い得点を示し、東アジアは低かった。逆に、神経症傾向はアフリカが低く東アジアは高くなっていた。また、東アジアは開放性も他の地域に比べて低い得点を示していた。

全体的に、日本を含む東アジア地域は内向的で非協調的、勤勉性も開放性も低く、神経症傾向が高いという傾向を示していた。これは、実際に何か悪い結果が生じることを意味するわけではなく、自分自身をどのように捉えているかという問題だと考えられる。たしかに、私たち日本で生活している人々の間でも、なんとなく自己評価は高くないだろうと予想する人が多いのではないだろうか。しかし、各国と比較してみると、実際にここまで自分自身を否定的に捉えているのかと驚くほどである。

日本の自尊感情は最下位

では、自分自身をどの程度肯定的に捉えているかという、自尊感情について国際比較を行った、同じくシュミットらの研究を見てみよう。[*37] 分析されたデータセットは、先ほど紹介した調査プロジェクトで得られたものである。そして、平均値を低い順に並べたものが図4の結果となる。

　データが得られた53カ国の自尊感情の平均値は30・9点であった。それに対して日本の平均値は25・5点であり、53カ国中で最下位の得点を示していた。得点の高いほうを見てみると、セルビア、チリ、イスラエル、ペルーが33点を超えており、アメリカも32点を超える高得点である。これらの国に比べると、日本の平均値は明らかに低い。

　日本の25・5点というのは、おおよそ平均値から標準偏差1つ分、低い値である。標準偏差1つ分とは、学力試験で言えば偏差値50と40の差のことを意味する。心理学の研究の中で

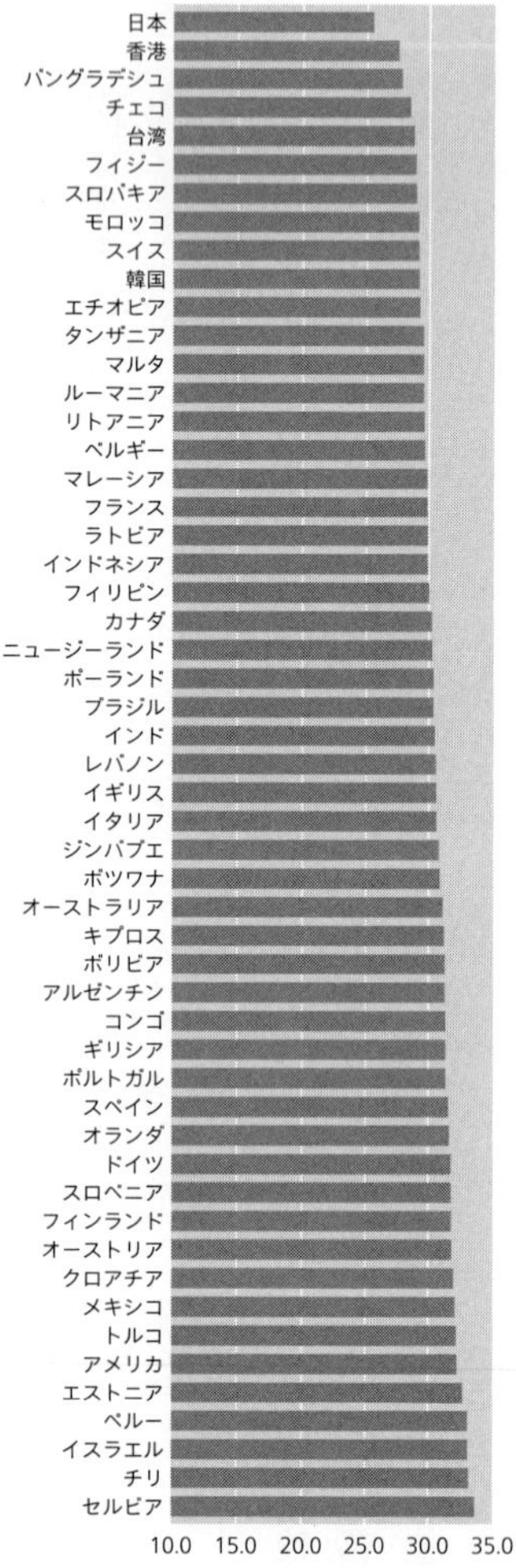

図4●自尊感情の平均値の国際比較結果
（Schmitt, & Allik, 2005に基づき作成）

も、標準偏差1つの違いは大きな差を意味する。やはり、日本人はネガティブな自己評価をもつ国民なのだろうか。しかしグラフを見て分かるように、実は日本だけでなく、全体的にアジア諸国の平均値は低く、順位も下のほうに位置している。その中でも、日本の平均値が低いことに変わりはないのだが。

ところで、この研究で使われている自尊感情尺度は、10個の質問項目それぞれについて1点から4点までの4段階で回答する形式となっている。したがって、この尺度は全体で10点から40点までの幅をとり、中央は25点になる。日本の25・5点というのは、質問への回答の幅の中ではほぼ中央を示しており、少なくともその平均値は回答の中央を上回っている。

そのように考えると、日本の平均値が低すぎるというよりも、ほかの国の平均値が高すぎるのではないか、という疑問も浮かんでくる。以前とある学会の発表で、アメリカ合衆国の自尊感情の得点分布グラフを見たことがあるのだが、明らかに中央よりも高い位置に人数のピークがあった。それに比べると、日本の自尊感情の得点分布はほぼ左右対称のきれいな形をしていることが多い。「日本人はネガティブ」というよりも「普通」と言うべきなのだろうか。

日本人はやさしくない？

望ましくない性格特性で国際比較をすると、どうなるだろうか。

マキャベリアニズム、サイコパシー、ナルシシズムの3つの性格特性、ダーク・トライアドについて国際比較を行った研究を見てみよう。[*38] この研究では、アメリカ、オーストラリア、ブラジル、ハンガリー、ロシア、そして日本で、ダーク・トライアドの3つの性格特性が測定されていた。そして結果から、日本はこれらの6カ国のうちで、ナルシシズムはもっとも低く、逆にマキャベリアニズムとサイコパシーはもっとも高いことが示された。

日本人は、ナルシシズムのような自分自身に対する強いポジティブな感覚はやはり低いようである。これは、先ほどの自尊感情の結果とも一致している。その一方で、マキャベリアニズムとサイコパシーといったような、自己中心的で人の痛みがあまりわからないような性格は、日本人の特徴のようである。それは本当だろうか。日本人はやさしく、人の痛みがわかる、他者を尊重する国民ではなかったのだろうか。

この結果の評価はなかなか難しいのだが、ほかにも、もしかしたら日本の人々は私たち自身が思い込んでいるほどやさしい人間ではないのかもしれない、ということを示唆《しさ》する研究がある。

たとえばアメリカの社会心理学者マイケル・ノースらの、高齢者に対する西洋と東洋のイメージの差を、先行研究をまとめるメタ分析の手法で検討した研究がそれである。[*39] そしてその結果から示唆されることは、日本も含め東洋諸国は、西洋諸国よりも高齢者への態度がネガティブで冷たいということである。この論文の中では、相互協調的自己観という、互いの結びつきを強く感じる文化であるほど、また急速に高齢化が進む国であるほど、高齢者への態度が厳しくなることが示されている。もしかしたら、このような国では、高齢になることが「仲間内でのお荷物」になることを意味するからなのかもしれない。それは高齢者に対してだけでなく、日本の弱者全体に対する冷たい視線にも重なってくるものではないだろうか。

日本人の幸福感

次に、自尊感情とよく似ているのだが少し違うポジティブな感情である、幸福感について見てみよう。１９９０年代前半にアメリカの心理学者エド・ディーナーらは、主観的幸福感について国際比較を行っている。[*40] その結果によると、調査の対象となった55ヵ国の中で日本の主観的幸福感は42位であり、自尊感情のように最下位ではないものの、やはりやや低い値を示していた。

もう少し最近の調査を見るとどうだろうか。幸福感に関する世界中の調査をまとめている World Happiness Report 2019 の結果を見ると、調査が行われている156カ国・地域で、幸福感がいちばん高いのはフィンランド（7・77）、2位はデンマーク（7・60）、3位はノルウェー（7・55）など、上位は北欧が占めている。[*41] 以下、ヨーロッパではアイスランドやオランダ、南北アメリカ大陸ではコスタリカやアメリカ合衆国、アジアでは台湾などが並んでいる。そして日本は、5・89点で58位となっていた。すぐ上にはモーリシャスやジャマイカ、エストニア、韓国が並んでおり、下にはホンジュラスやカザフスタン、ボリビア、ハンガリーが位置している。日本はこれらの国の集団に入るような位置づけとなっている。

たしかに日本は幸福感が世界の中で上位だとは言えないものの、156カ国中58位なので、自尊感情のように世界で最下位レベルとなるような平均値ではない。これは、自尊感情と幸福感という概念の違いにもかかわる問題である。幸福感は、自分自身のパーソナルな問題だけを評価の対象とするものではなく、より広く社会全体の状況や生活水準、将来の展望などを含んで評価する概念である。この結果は、日本人が何でもネガティブに捉えるというわけではないことを示している。日本人が他の国々に比べてネガティブな評価をしやすいのは、おそらく自分自身を評価する場合なのではないだろうか。

異なる測定方法では

質問紙による調査では、日本人は自分たち自身をネガティブに捉えてしまいがちなようである。もしかすると、自由に何かを選択する調査形式では、欧米の人はポジティブなものを、日本人はネガティブなものを選択しがちという現象が生じてしまうのかもしれない。では、違う測定方法はないだろうか。たとえば、何かを全力で処理するような課題を与えるのはどうだろう。

「一定の時間の間、全力で何かの課題をこなす」という作業を想定してみよう。それは、どこの国でもそれほど大きな差が生じるわけではない。目の前にある好きな食べ物を自由に選ばせるような課題の場合には、各国でばらつきがとても大きい。それに比べれば、全力で走る課題をそれぞれの国でやるほうが、その中に速い遅いという違いがあったとしても、比較的ばらつきが小さくなると考えられる。

そこで、そのような全力で行うような課題を応用して、自尊感情を測定することを試みる。これは潜在連合検査（IAT）と呼ばれる方法で、カードをできるだけすばやく正確に分類する課題に似た形式を用いる。とはいえ、実際にカードを用いるわけではない。コンピュータのスクリーン上で、条件に合った単語を分類していく課題である。

この課題についてイメージしてみよう。画面上には、自分を表す単語と他人を表す単語が左右に配置されており、ポジティブ語とネガティブ語がランダムに表示される。まず、自分とポジティブ語、他人とネガティブ語の組み合わせで分類課題を行い、その後、自分とネガティブ語、他人とポジティブ語で分類課題を行う。すると、自分とポジティブ語の組み合わせのときにはすばやく分類できるのに、自分とネガティブ語の組み合わせのときには分類スピードが落ちてしまうという現象が生じる。このスピードの差が大きいと、「より自分をポジティブに感じている」ということを意味するのである。このような手法は、あまり意識にのぼらない対象と単語の結びつきを測定するためによく用いられる。

東京大学（当時）の山口勧《やまぐちすすむ》らの研究グループは、この潜在的自尊感情の測定を用いて、アメリカ、中国、日本の得点を比較した。[*42] まず、質問紙で測定したところ、やはり日本はアメリカよりも中国よりも自尊感情の平均値は低かった。しかし、自分と友人を対比させて自分のポジティブさを測定する潜在連合検査を行ったところ、3カ国とも肯定的でほとんど違いは見られなかった。さらに、自分と「私たち」といった身近な人物を対比させて自分のポジティブさを測定したところ、日本は他の国よりも高い値を示す傾向にあった。

この結果はまず、日本人が必ずしも常に自分自身に対してネガティブな態度を表すわけではないことを示している。また、比較対象によって自分を肯定する程度が異なってくることも表している。特に、比較の対象が仲間内になったときには、日本人はよりポジティブさを隠さなくなるようにも見える。本当はポジティブな自分自身を認識しているのに、普段は「そうでもない」と抑制がかかっているということなのだろうか。謙虚でいる、表に出ない、出る杭《くい》は打たれる……といった日本人の特徴が、こういった結果にも出てくるのかもしれない。

ジャパニーズ・プロブレム

海外の学会で研究者が発表しているときに、「ジャパニーズ・プロブレム」（日本問題）という単語を耳にしたことがある。そこで話題になった日本問題とは、こういうことである。その研究者は日本を訪れたこともあり、日本の研究者にも学生にも知り合いがいる。日本人は勤勉で、人間関係もうまくいっている印象だ。それにもかかわらず、調査をするとなぜか自尊感情は低く、神経症傾向は高く、外向性や協調性や勤勉性が低い。この印象と調査結果のズレは、研究方法に何か問題があるからに違いない。そういう意味での発言だった。

日本で生活していると「それが当たり前だろう」と思っても、海外から見るとそうではないということはよくある。

ずいぶん以前に、中国から来ていた留学生と会話をしたときも、そのことにあらためて気づかされた。その留学生は中国では「とても控えめでおとなしい」子どもだと言われて育ったのだという。その一方で彼女は、日本に来て友人と会話をしているとときおり、「あなたはズケズケと本音を言う人だね」と言われたのだという。そんなことを言われるので、日本で数年を過ごした自分は、きっと性格が変わったのだろうと考えていた。あるとき、数年ぶりに中国の故郷に帰り、久しぶりに昔の友人に会って会話をする機会があった。ところがそこで、「あなたは相変わらず控えめな人だね。全然変わっていない」とその友人に言われたのだという。彼女は、「自分は変わっていないのに、周囲が違うから違う評価になってしまう」という話をしていた。

同じ人物でも基準が違う場所に行くと、異なる評価をされることがある。彼女の自己主張性という性格は、自己主張性の平均値が低い日本では高く、平均値が高い中国では低くなってしまうのである。これは、彼女自身の問題ではなく、その国の基準の問題である。

性格は相対評価

この例は、性格を評価する際に「絶対的な基準がない」という大きな問題を映し出している。性格は、たとえ0点から100点で評価したとしても、「0点」に特定の意味を想定することができない。その性格特性が「ない」という状態を定義することも、想定することも難しいからである。そこにあるのは、「高い」か「低い」かだけである。性格を評価するときにできることは、他の人に比べてどうかという相対評価だけであり、ある性格特性について集団を対象に調査を行い、平均とそこからのばらつきから、個々人がどのあたりの位置になるかを評価することである。

このような制約があるために、自分自身の性格を評定した数値は、自分自身が今生活している基準に照らし合わせて「これくらいだろう」と考えながら評価を行った結果であると考えることができる。それぞれの文化で「これが普通」という基準が変われば、その基準がそれぞれの人の見方に影響を与える。

住む場所が変われば、「当たり前」が変わるのである。自尊感情については、アメリカでは40点満点中32点が「普通」であり、日本では25点が「普通」だということである。このように考えると、それぞれの国の性格特性の平均値は、その国ではどれくらいが「普通」であるかを反映した値だということになる。もしかしたらそれはそれで、比較する意味があるのかもしれない。ただしそれは、「この国では自尊感情が低い」という直接的な意味ではなく、この国ではほかの国と比べて、これくらいを「普通」と考える人が多いという、少し間接的な意味になる。

国の指標との関連

国におけるある性格特性の値が、その国の何に関連してくるのかを考えることも重要である。ある国では外向性の平均値が高く、別の国では低いという現象があるとして、それが現実社会の何にも関連しないのであれば、その平均値の違いにはあまり意味はない。やはり実際の社会的な活動との関連が示されて初めて、そこに意味が生じる。

先ほど見たビッグ・ファイブの国際比較調査では、各国のＧＤＰ（国内総生産）、ジニ係数（所得配分の不平等さ）、人間開発指数（人間的な生活の度合い）と国レベルの性格特性との関連も検討されている。[*43] そして、ジニ係数については関連が見られなかったものの、ＧＤＰと人間開発指数の高さが外向性、開放性、協調性の高さに関連することが示されている。

また主観的幸福感の研究によると、国の主観的幸福感の平均レベルは、１人あたりＧＤＰ

や購買力などとプラスの関連、市民権や権利の侵害とはマイナスの関連、不平等な格差とはマイナスの関連を示していた。全体的に、幸福感は人々の生活の中での平等や生きやすさに関連していることがうかがえる。

その一方で、自尊感情の国際比較調査研究によると、[*44]国レベルの自尊感情は平均寿命、成人の識字率、１人あたりＧＤＰ、そして人間開発指数ともほとんど関連を示さなかった。ビッグ・ファイブや主観的幸福感は各種指標と関連していたのだが、自尊感情はほとんど関連がなかったのである。やはり自尊感情はパーソナルな自分自身の問題に関連する評価だということだろうか。

いずれにしても、心理的な特性や性格特性のうち、実際に国の指標に関連するものが存在しそうではある。このことは、私たちの心のありようが、社会のあり方に結びついていることを示している。やはり私たちは、自分が所属する社会の中で生きているのだ、ということをあらためて実感させられる。

2　国内の地域差と住む場所の選択

東京の電車、関西の電車

性格と住む場所の関連を見るのに、ひとつの国の中に注目してみるのはどうだろうか。国同士を比べるとずいぶん違う社会システムがあり文化も異なっているのだが、ひとつの国の中で比較しても、地域によってその土地の雰囲気はずいぶんと異なる。

広い国であれば、きっとその国の中の地域差はより明確になっていくだろう。

以前、特別研究期間の間に、私はアメリカのテキサス州に家族とともに8カ月間滞在したことがある。テキサス州の面積は約70万平方キロメートル、日本の本州のおよそ3倍、日本のすべての陸地を含めた面積の2倍弱くらいである。都市から郊外に出ればどこまでも所々に低い木がある平原が続き、広大な牧場に牛がまばらにいたり、小型の油井が設置されていたりするような風景が広がる。

そのとき住んでいたテキサス州の州都オースティンの人々はみな明るく、とてもやさしくフレンドリーで、家の周辺を歩いていると誰もがにこりと微笑《ほほえ》んで声をかけるような雰囲気に満ちていた。これまでいくつかのアメリカの都市を訪れたことがあるが、その雰囲気は少しずつ違っているように思えた。オースティンに住んでいる人も、「ここはみなこういう雰囲気だけど、オースティンを出ればこんな雰囲気じゃないけどね」という話をよくしていた。

日本国内でも、関東と関西、九州と東北など、地域を比較してみると、なんとなくその違いを感じることがあるかもしれない。たとえば、日本の電車の中の様子を思い浮かべてみよう。東京では通勤時間であろうとなかろうと、電車の中で会話する声を耳にすることはほとんどない。これだけの人が電車に乗っているのに、どうしてここまで静かなのだろうと、東京に来たばかりの頃は少し異様に感じたものだったが、その様子にもすっかり慣れてしまった。一方で関西地方に行くと、電車の中の雰囲気は一変する。多くの人が一緒に乗っている友人、知人、恋人同士で会話を楽しむ様子を目にする。具体的ではっきりした基準があるわけではないのだが、このような地域による雰囲気の違いは認識できる。

こうした国内の雰囲気の違いのようなものを、研究で明らかにすることはできないだろうか。

県民性は存在するか

こういった国内の地域の違いについて研究することは、いわゆる県民性のようなものを明らかにしようとすることとも言える。

哲学や倫理学の分野で多くの業績を残した和辻哲郎《わつじてつろう》は著書『風土』（１９３５）の中で、ある土地の気候、地質、地味、地形、景観などの総称を風土と呼んでいる。[*45] そしてその風土が、受容的で忍従的であるとか、対抗的で戦闘的であるとか、理性的で合理的であるとかいった、人間の特性を醸成していく。砂漠のような厳しい場所では、人々はその風土に対抗するような気質を身につける。季節によって気候が大きく変わるような土地では、その変化を受け入れ耐えるような気質が形作られる。そして放牧に適したような土地では、計画的で理性的、合理的な思考が醸成される。

こういった話はなんとなく理解しやすく、そういうことがあるかもしれないと納得しやすい。

その一方で、本当にそうなのだろうかという疑問を抱くのも確かである。そもそも、本当にひとつの国の中で性格の地域差が観察されるのだろうか。また、その差は気候や文化、経済的な状況など、その土地がもつ特徴に関連するのだろうか。

アメリカの州ごとの性格

イギリスの心理学者ピーター・レントフローたちは、アメリカ国内の性格の地域差について検討している。[*46] インターネット調査に参加した対象者は実に60万人以上、各州につき千数百人から数万人にも及ぶ人数であった。

結果から、それぞれの性格特性の上位と下位のものを並べてみよう（図5）。

◉外向性――1位ノースダコタ州、2位ウィスコンシン州、3位コロンビア特別区、4位ネブラスカ州、5位ミネソタ州……47位バーモント州、48位ワシントン州、49位アラスカ州、50位ニューハンプシャー州、51位メリーランド州。外向性は、大陸の中央付近、中西部のあたりで平均値が高くなり、東西の太平洋沿い、大西洋沿いになるにつれて低く、内向的になっていく傾向が見られる。

◉神経症傾向――1位ウェストバージニア州、2位ロードアイランド州、3位ニューヨーク州、4位ミシシッピ州、5位ニュージャージー州……47位アラスカ州、48位オレゴン州、49

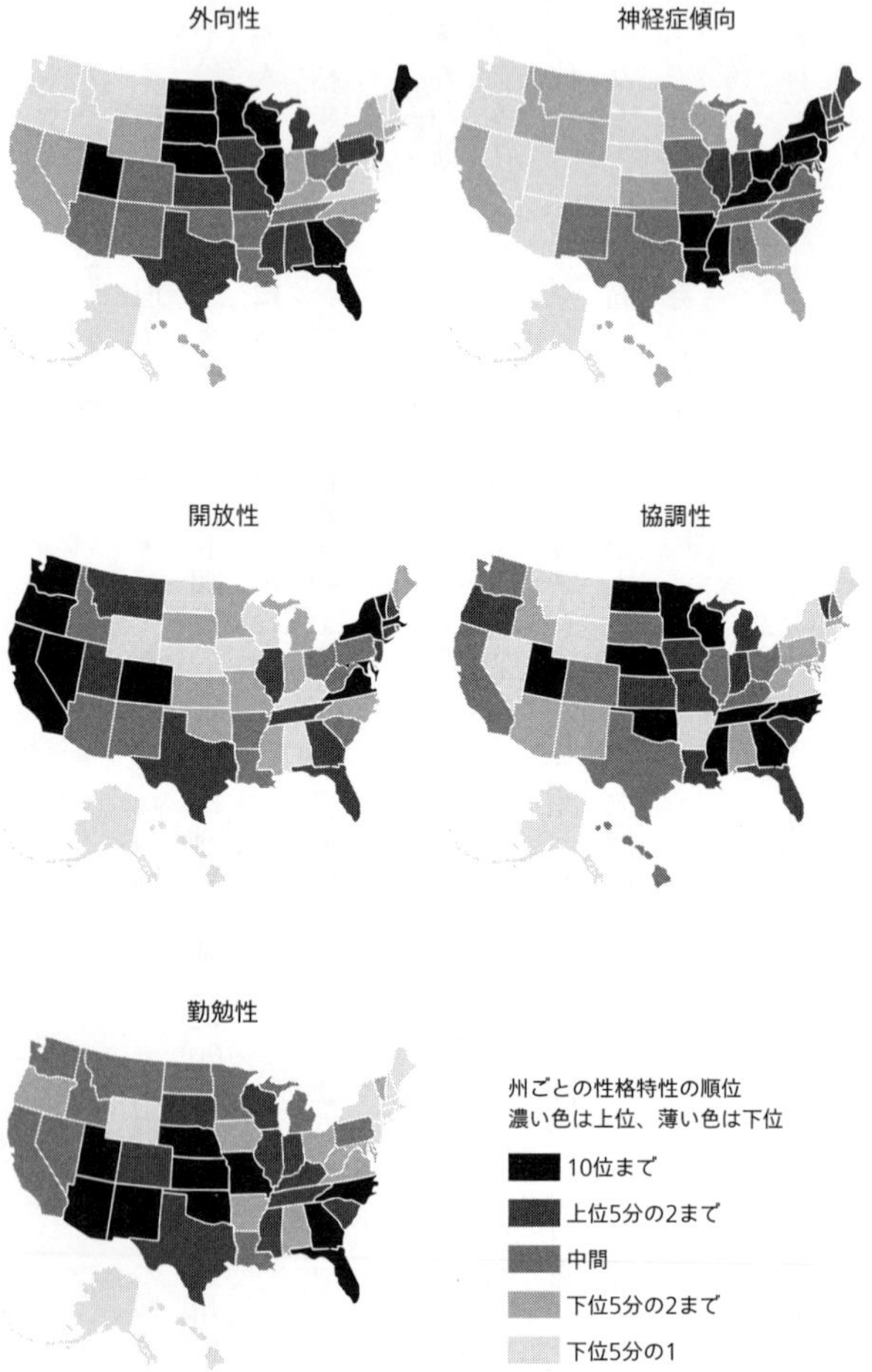

図5●アメリカの州ごとの性格特性（Rentfrow et al. 2008に基づき作成）

位サウスダコタ州、50位コロラド州、51位ユタ州。神経症傾向は東高西低の平均値の様相を見せる。東海岸から五大湖のあたりまでと、南部のルイジアナ州やミシシッピ州のあたりが高く、中部から西部にかけては情緒安定的な傾向を示す。

◉開放性——１位コロンビア特別区、２位ニューヨーク州、３位オレゴン州、４位マサチューセッツ州、５位ワシントン州……47位ウィスコンシン州、48位アラバマ州、49位アラスカ州、50位ワイオミング州、51位ノースダコタ州。開放性は、ワシントン州、オレゴン州、カリフォルニア州など西海岸と、ニューヨーク州やマサチューセッツ州など東海岸で高く、中西部が低い平均値を示す傾向にあった。

◉協調性——１位ノースダコタ州、２位ミネソタ州、３位ミシシッピ州、４位ユタ州、５位ウィスコンシン州……47位ニューヨーク州、48位ネバダ州、49位ワイオミング州、50位コロンビア特別区、51位アラスカ州。協調性は、中西部と南部が高く、東海岸沿いの北部の州は特に平均値が低めになる。

◉勤勉性――1位ニューメキシコ州、2位ノースカロライナ州、3位ジョージア州、4位ユタ州、5位カンザス州……47位ワイオミング州、48位ロードアイランド州、49位ハワイ州、50位メイン州、51位アラスカ州。勤勉性は中部と南部で高い傾向を示しており、特に東海岸沿いの州は低くなる傾向にあるようだ。

アメリカの州についてイメージがないとわかりづらい部分があるのだが、おおよそ外向性と協調性は中西部が高く、勤勉性は中部から南部が高く、開放性は東西海岸沿いが高く、神経症傾向は東海岸のほうが高めという傾向が見られた。

州の指標との関連

州ごとの平均値の違いが見られたとしても、問題はこの平均値が何に関連するのかという点にある。では、実際、どのような要因に関連していたのであろうか。

州の外向性の高さは、集会へ参加する頻度やお酒を飲みに行く傾向（州ごとの飲酒傾向の多さ）に関連していた。個人の行動として、外向性の高さがそのような集まりに参加する傾向に関係することは明らかにされているのだが、州レベルの集まりやすさにも外向性の高さが関連していたのである。また予想外なことに、州の外向性の高さは強盗や殺人の発生率の高さにも関連していた。

その他、神経症傾向の高さは、その州における心臓血管疾患での死亡率や、ガンでの死亡率の高さに関連しており、平均寿命の低さにも関連していた。また、家庭での運動量の少なさにも関連していた。開放性の高さは、マリファナの使用率や合法的な堕胎確率、同姓の婚姻率の高さに関連しており、州の芸術やエンターテインメントの多さ、特許の多さにも関連する傾向があった。協調性の高さは、強盗発生率や殺人発生率の低さと関連し、平均寿命の高さに関連していた。そして勤勉性の高さは、宗教に関連する活動の多さと関連していた。

個人の性格が具体的な行動に結びつくことは想像ができるだろう。しかし、州レベルで見たときの性格特性が、やはりそこから推測できる州レベルの社会的指標や行動傾向に関連することが明らかにされている。集団の性格は、集団の特徴を反映するのである。

イギリスの地域ごとの性格

ほかの国でも、地域ごとの性格の差異が示されるのだろうか。

たとえばイギリスで行われた研究がある。イギリスの正式名称がグレートブリテン及び北アイルランド連合王国だということは、ご存じの人も多いだろう。この国は、イングランド、スコットランド、ウェールズ、北アイルランドという4つの地域からなっている。そして古くから、それぞれの地域の気質について取り沙汰されることも多い。イングランド人は自意識やプライドが高く、スコットランド人はやさしいけれども頑固でウェールズ人は友好的でおおらかなど、さまざまなことが言われている。

レントフローたちは、イギリスのグレートブリテン島（北アイルランド以外）に住む約40万人のデータを分析した研究も行っている。[*47] 地方行政区画ごとに性格の得点を比較して全体的な傾向を見ると、外向性はイングランドのロンドン周辺が他の地域よりも高い一方でウェールズは低く、協調性はスコットランドが高くロンドン周辺は低く、勤勉性はロンドン周辺が特に低く、神経症傾向はいちばん北のスコットランドとイングランドの南の端が低くてウェールズが高く、そして開放性はロンドン周辺が高くなる。イングランドとくにロンドン周辺の人々は外向的で情緒安定的、開放的な一方で協調性や勤勉性が低いパターン、北部のスコットランドは協調性が高く情緒安定的、西部のウェールズは内向的で協調性が低く、神経症傾向が高いパターンが描かれていた。

またこの研究でも、それぞれの性格特性がどのような社会指標と関連するのかが検討されている。外向性は住民の学歴の高さや収入の多さ、ステイタスの高い職業、社会の多様性、そして平均寿命の長さに関連していた。神経症傾向は、労働党候補への投票率の高さやサービス業の比率の高さ、慢性的な病気を報告する人々の多さなどに関連していた。開放性は大卒者比率の高さ、外国人比率の高さ、同性カップル比率の高さに関連していた。協調性は、女性比率の高さ、白人比率の高さ、収入の低さ、サービス業の比率の高さなどに関連し、大卒者比率の少なさ、海外出身比率の低さ、同性カップル比率の低さに関連していた。勤勉性は、保守系候補への投票率の高さと労働党候補への投票率の低さ、長寿率、多様性の低さ、暴力犯罪発生率の低さやガンや心臓疾患による死亡率の低さにも関連していた。

やはりイギリスのデータでも、地域の性格特性はその地域の社会、経済、健康の指標に関連していた。

地域によって性格が変わる理由

レントフローたちは先のアメリカ国内の性格の地域差について検討した論文の中で、地域によって住む人の性格が変わってくる理由について、仮説的なモデルを提示している。そのモデルでは、地域に住む人々の性格、性格に関連する行動傾向、そしてその地域がもつ特有の性質という3つの観点の関係から地域の性格を見る。そしてそこには、特定の性格が地域に集積していく5つの経路が想定されている。

第1に、性格が行動に影響を与える道筋である。もしも、特定の性格の特徴をもつ人々が一定の地域に集まると、地域内でその性格から生まれる特定の行動が表に現れやすくなる。たとえば開放性の性格特性が高い人々が集まると、開放性の高い人が行いやすい、創造的な活動や芸術的な活動、知的な活動がその地域で目につきやすくなると考えられる。

第2に、多くの人の行動がその地域の特徴を作りだすという道筋である。その地域で芸術的な活動を行う人が増えると、そこで生み出される芸術作品が観光の目玉になったり、芸術的な活動を教育の中に取り込んだり、芸術を取り入れた街づくりが推進されることがある。地域の人々の活動は、このような街全体の雰囲気を作りだすことにつながるのである。

第3に、地域で多くの人々がとる行動が、その地域に住むほかの人々の行動にも影響するという道筋である。ある地域で特定の行動をする人が目立ってくると、もともとその行動をあまり行わない人にも影響を与える可能性がある。たとえば地域全体で芸術活動に従事する人が増えると、そのような活動の経験がなかった人にも影響を与え、芸術的な発想や作品、またそのような活動を評価する人々が地域に増えていくだろう。そしてそのような人々の増加は、さらにその地域を特徴づけることになっていく。

第4の道筋は、第2の道筋の逆、つまりその地域の特徴が人々の行動に影響を及ぼしていくというプロセスである。たとえばその地域に大学やハイテク企業、美術館や博物館などが集積していくと、開放性の性格特性を高めるようなイベントや環境が増加していく可能性がある。

第5の道筋は、第1の道筋の逆方向を意味するものである。すなわち、地域に住む人々の行動が変わることで、次第に人々の性格特性が変容していくという道筋である。たとえば、多くの人々が芸術に関心を抱くようになれば、その地域の開放性が高まっていくかもしれない。また、その地域の人々が芸術活動に従事することで、開放性の高い人々がその地域に魅力を感じ、引っ越してきて住みはじめることでさらに開放性が高まる可能性もある。そして、その地域で求められる行動に合わない個人は、他の場所へと移動しようと試みるかもしれない。これらは、地域で行われる活動が、地域の人々の性格を特徴づけていく道筋を表している。

ある場所に特定の性格の人々が集まるとその土地の雰囲気が形作られ、そこで生み出されるものがさらに似た人々を惹《ひ》きつけ、またそこで暮らす人々にも影響を与えていくというサイクルが生み出される。このような複合的な要因によって、ある地域において特定の性格特性の集積が見られるようになると考えられるのである。

外向的な人は海を好む

特定の性格の人が特定の場所を好む、という研究結果も報告されている。[*48] 夏に遊びに行くなら、海に行きたいだろうか、それとも山に行きたいだろうか。そして、この好みの選択に性格が関連しているとしたらどうだろうか。

実際に調査を行ったところ、内向的な人物は外向的な人物に比べ、海よりも山のほうを好むという。また、内向的な人物のほうが山で行う活動を好む傾向にあることも示されている。海と山のきれいなリゾート地の写真をコンピュータの画面に提示して、どちらを訪れたいかを尋ねてみると、内向的な人物はどちらかというと山の写真を選択しがちだという。そもそも、どんなときに海で過ごしたいかを調査したところ、誰かと一緒に過ごしたいときに海を選択しがちで、ひとりで過ごしたいときには山を選びがちだということも研究の中で示されている。

さらに、大学の授業の途中で、グループごとに屋外に出てディスカッションをすることを提案して、大学のキャンパスの中で木が生えておらず開けた場所か、林の中のあまり人の気配のない場所のいずれかでディスカッションを行う。一定の時間をそれぞれの場所で過ごした後で、どれくらい幸福感を抱いたかを回答してもらったところ、開けた場所でディスカッションをした学生たちの場合、外向的な人物ほど幸福感が高まっていたという。

どうも、外向的な人物は、多くの人々が集まってきそうな、周囲を見渡すことができる開けた場所にいることが心地よいようである。その典型的な場所が海なのだろう。その一方で内向的な人物は、あまり周囲に人がおらず、木が生えて視界が開けていない土地にいるほうが心地よいようである。そういう点で、内向的な人物は山を好むようである。

外向的な人は歩きやすい地域に住む

ウォーカビリティという言葉を聞いたことがあるだろうか。これは「ウォーク」つまり「歩く」ことと、「アビリティ」つまり「できること」を合わせた造語であり、「歩きやすさ」「自力での移動しやすさ」を表す。自動車を使わず、歩いたり自転車に乗ったりして移動しやすい都市や地域を表す言葉として使われる。そして、地域ごとにどのくらい自力で移動しやすいかを、数値で表す試みも行われている。

普段の生活の中で歩いたり自転車に乗ったりすることは、肥満を抑制し、適度な運動を促す。人々が健康な生活を営む上で、自力で移動できることは重要な要因となるため、ウォーカビリティという指標は健康的な都市を設計する上でとても参考になる。

ちなみに、アメリカやカナダ、オーストラリアやニュージーランドの都市の場合には、地図上にウォーカビリティの指標を表示できるWalk Scoreというサービスがある。[*49] 私自身、海外でしばらく滞在する場所を探すときに、このサービスを参考にしたことがある。

このウォーカビリティと、性格特性との関連を日本で検討した研究がある。[*50] 日本全国の約5000人を対象とした調査から、調査対象者の性格特性への回答と居住地の郵便番号を抽出し、住んでいる場所のウォーカビリティとの関連を検討した。その結果、ウォーカビリティにもっとも関連する性格特性は、外向性であることが明らかにされた。歩いて移動できる地域は都市化が進んだ場所が多く、そのような刺激の多い土地が外向性を高める可能性が考えられる。また、外向的な人物がそのような場所を好んで住む可能性も考えられる。

ダークな性格は都市を好む

心理学者ピーター・ジョナソンは、マキャベリアニズム、サイコパシー、ナルシシズムのダーク・トライアドの３つの性格特性の持ち主が、どのような場所に暮らしているかを検討している。[*51] 住んでいる場所の人口の多さや人口密度について検討したところ、ダーク・トライアド傾向の高い人が住んでいる場所は比較的人口が多いところであった。また、郊外に住んでいる人よりも都市部に住む人のほうが、サイコパシー傾向が高い傾向にあった。そして全体的に、ダーク・トライアド傾向の高い人は刺激が多く、知り合いが多く、多くの人を魅了し、ナイトライフが充実しているような場所に魅力を感じる傾向があることが報告されている。

ダーク・トライアドのような特性は都市の中で高くなる傾向があり、またそのような特性の持ち主は郊外よりも都市に住むことを好むと言えるのかもしれない。

またライアン・マーフィーは、アメリカの地域におけるサイコパシー傾向について検討している。[*52] サイコパシー傾向がもっとも高いのはアメリカの首都ワシントンがあるコロンビア特別区、２位はメイン州、３位はコネチカット州であった。また、州レベルのサイコパシー傾向の高い傾向は、都市化率と正の関連があることが示されている。やはり、サイコパシー傾向の高い者は都市部に多く、都市を好んで住む傾向があるのだろうか。

こうした冷淡でダークな性格特性は、どうして都市部でよく見られるのだろう。そこにはいくつかの理由が考えられる。まず、こうした性格特性の高い者は、刺激の多い都市環境を好むということが挙げられる。ダーク・トライアドは夜型の生活スタイルに関連しており[*53]、ダーク・トライアド傾向の高い男性は短期間の恋愛を繰り返す傾向がある[*54]。このような生活スタイルに関連する性格傾向の高い者は、郊外よりも都市部の生活を好むと考えられる。

また、ゆったりとした環境よりも性急で厳しい環境のほうが、ダーク・トライアドのような性格を形成しやすいという仮説もある。近年、生物的、進化的な適応を考える際に、生活史理論と呼ばれる考え方が注目されている。この理論では、私たちが人生全体で保有できる資源には限りがあるため、その限りある資源を人生のどこに投入する傾向があるかを問題にする。そして資源の配分のしかたの戦略を、大きく分けて「性急で短期的な戦略」と呼ばれる、パートナーや子どもの数が多い一方であまりひとりひとりの子どもに資源を投入しない戦略と、「長期的な戦略」と呼ばれる、限られたパートナーとの間に少ない子どもをもうけ、多くの資源を投入していく戦略とに大きく分けることができる。犯罪や事故、病気の流行や災害などで暮らしている環境が過酷になると短期的な戦略をとる傾向が高まると言われており、ダーク・トライアドのような冷たい性格は、短期的な戦略に関連しているのである[*55]。このことは、刺激に満ちた都市部にダークな特性が増える傾向にあることの一因であると考えられる。

開放的な人物は引っ越ししやすい

私たちは国内外を移動する。転勤によって移動することもあれば、進学のために都市に出てきたり、中には好んで引っ越しをしたりする場合もある。引っ越しをする理由はさまざまなのだが、そもそも住居を変えようとするかどうか、そしてどこに住むかという問題はとても大きな決断を伴う。移動するかしないかということを決める際にも、いくつかの選択肢の中から道筋を選択する決断をしている。そしてその全体的な傾向は、性格に関連する可能性がある。

フィンランドの心理学者マルクス・ジョケラたちは、1700人以上のデータを用いてフィンランドにおける引っ越しと社会性および情動性という性格特性との関連を検討している。[*56]この研究では、起点となる年から9年後までのどこで居住地の移動が生じるかを調査している。そして引っ越しの確率や引っ越し回数、距離に対して、性格特性が関連するかどうかを検討している。まず、基本的に都市に住んでいるほうが引っ越しの確率は低くなる傾向がある。これは、郊外から都市への引っ越しが多いことを反映しているのだろう。また、社会性が高い個人は田舎《いなか》に住んでいると引っ越し確率が高くなり、都市では社会性が低い人のほうが引っ越しをする確率が高くなるという。またジョケラは別の研究で、400人近くのデータを分析することで、アメリカ合衆国内の引っ越しと性格特性との関連を検討している。[*57] そして、高い開放性と低い協調性が、州の中での引っ越しについても州外への引っ越しについても関連することを示している。

日本では、他の都道府県に転居したいかどうかという転居願望とビッグ・ファイブとの関連が検討されており、[*58] そして、開放性の高さが県外に転居したいという願望に関連することが示されている。さらに別の調査では、大学進学に際して実家を離れて東京に上京してきた学生は、実家から通う学生に比べて開放性が高い傾向にあることも示されている。[*59]

ある調査によると、アメリカ合衆国の人々は平均で生涯に16回から17回引っ越しをするそうである。それに対して、日本人の場合は平均で3回から4回と言われている。このように引っ越し回数の平均値は大きく異なるものの、同じように開放性の性格特性が関連するという研究結果は興味深い。

内向的な子どもが何度も引っ越すと

性格を研究するひとつの重要な観点は、性格と環境との適合を考えることである。これは、気質や性格の発達を考慮する際にも重要であるし、どのような性格の人がどこに住むのかを考えるときにも同じように重要である。

たとえば、子どものときの引っ越しについては、当然ながら本人の性格は関連しない。引っ越しは本人の希望ではなく、親の都合などによって否応なく行われることが大部分だからである。親子の性格にはある程度の関連はあるものの、その関連の度合いはそれほど大きいわけではない。また、親の開放性が高いからといって子どものそれも高くなり、その親子の性格の関連が引っ越しによって強くなるといったような証拠は研究の中で見出されていない。

子どもたちにとって引っ越しは、外から与えられる環境の変化のひとつであり、とてもインパクトの大きな出来事でもある。そして、子ども自身の性格と大きなインパクトをもたらす環境の変化との組み合わせが、子どもたちの精神的な状態に影響を及ぼすことが明らかにされている。[*60] 外向的な人については、子どもの頃に引っ越し回数が多くても少なくても、大人になった後の精神的な健康には関連がなかった。その一方で、子どもの頃に引っ越し回数が多かった内向的な人は、大人になった後のウェルビーイングが低く、また死亡率も高くなっていたという。

引っ越し回数が多くなることは多くのストレスをもたらすだろう。それはどの子どもにとっても同じなのだろうが、特に内向的な子どもにとって、新しい場所で人間関係を再構築することは困難を伴い、その後の人生全体にとってあまりよくない結果をもたらす可能性がある。

人生の選択

本章を終えるにあたり、まず、地域によって性格の平均値に違いが生じるという事実について、私たちは認める必要がある。ただしそれは、一般的に言われるような「県民性」とはまた少し様相が異なる。一般的にイメージされるその地域の特徴と、人々の性格の平均値は必ずしも一致するわけではない。また、そこで観察される「差」は、非常に些細《ささい》な違いである可能性もある。

ある地域に特定の性格特性の高まりが観察されたとしても、それは全体の中での比率や偏りが少しあるというイメージで捉えるのがよい。決して、その地域にいる人が全員、同じような性格を示すわけではない。その点は注意が必要である。

中学校や高校のバスケットボール部の部員たちの平均身長を算出してみれば、他の部活動の平均身長よりも高い傾向があるだろう。しかし、バスケットボール部に所属する部員全員が、他の部活動の生徒たちよりも必ず背が高いわけではない。とはいえ、その平均身長には意味がない、というわけでもない。バスケットボール部の平均身長が他の部活動に比べて高い傾向にあるのは事実であり、バスケットボールという競技は平均身長が高いチームのほうが有利であることに間違いはない（繰り返し確認しておきたい点だが、それは絶対的なものではなく、確率上の問題である）。

こうした話と、地域の性格の平均値の話はよく似ている。身長が低くても、バスケットボール部の中で居場所があり、活躍できるポジションがあり、楽しく学校生活を送ることができるように、どのような性格であれ、どの地域の中でも豊かな生活を送っていくことは可能である。

しかしその一方で、より過ごしやすい場所を求めていくのも、私たちの生き方である。私たちは人生の中であちこちをさまよい、そこに偶然も作用しながら、少しずつ自分自身の選択を行っていく。そして、紆余《うよ》曲折を経ながら、居心地のいい場所を目指していく。その中で、ある性格をもつ人がある場所に集まる現象が見られることがある。ダーク・トライアドのような人に冷たく自己中心的な人は、その性格がメリットとなるような都会を目指し、協調性の高い人々は穏やかな人間関係を得ることができる郊外を目指しやすく、勤勉性の高い人々は宗教的な施設があったり保守的な政治基盤が強かったりする地域が心地よいかもしれない。外向的な人物は山よりも人々が集まりそうな海辺や開けた土地のほうを好み、内向的な人物は木々に囲まれた山のほうを好む。開放的な人物は新しい場所への移動を望む傾向にあり、芸術や学術の雰囲気に満ちた場所を好みやすい。そして、それらの場所に安住して心地よい生活を送ることができれば、ますますその人の性格は安定していく。

そこに住む人の性格を考えることは、その場所がどのような特徴をもつのかを考えることにもつながる。うまくその場所の特徴を把握し、どのような人々に魅力的であるのかを認識できれば、そこをより魅力的な場所にしていくための方策も見出すことができるだろう。地域の性格を考えることは、その地域の街づくりや魅力の再発見につながる可能性を秘めている。

第3章　人々はどんどん賢く、ネガティブになっている？——性格と時代

1　IQと自尊感情の時代変化

大人気だった先生の「今では考えられない行動」

小学4年生の頃、大好きな先生が私のクラスを担任していた。その先生は仮説実験授業と呼ばれる授業形式を取り入れており、毎日の授業がとても刺激的で楽しかったのである。仮説実験授業では、授業の最初に問いが提示され、いくつかの予想が示されるところから始まる。そして生徒たちは自分が考える予想を選び、自分の考えがなぜ正しいと思うのかを発言しながら主張し、他の生徒たちの意見を聞く。意見が出そろったところで実際に実験を行い、

結果を確認する。時にはクラス全体の意見がふたつに割れて、とても白熱した議論が展開される。その先生は生徒たちの発言をしっかりと記録しており、クラス通信にまとめて配布してくれていた。今でも、その授業は良い思い出となっている。ちなみに、こういう授業の形式のことを仮説実験授業と呼ぶのだということは、大学生になってから授業の中で初めて知った。

さて、この生徒たちに大人気だった先生なのだが、今ではとても考えられない行為を、当時行っていた。それは、授業の合間の休憩中のことである。その先生は教室の前方にある窓を少し開け、教師用のデスクの引き出しから灰皿を取りだして机の上に置き、たばこを一服していたのだった。もちろん、生徒たちは休憩中とはいえ、みな教室にいる。生徒たちと同じ部屋で、教師が喫煙しているのである。そして、その教室にいる生徒たちはみな、その美味《おい》しそうにたばこを吹かしている先生のことが大好きなのである。おそらく、今ではどの教室でも絶対に見ることができない風景ではないだろうか。

激変した喫煙者のイメージ

私の世代が学生だったころ、世間は喫煙に対してまだそこまで厳しい評価を下してはいなかった。大学時代を思い出しても、講義室の教卓の横には灰皿があり、演習室にも移動できる灰皿が備えつけられていた。同級生にも喫煙者は多く、外で人が集まるとその地面にたばこの吸い殻が増えていくというのも、珍しい光景ではなかった。そして何を隠そう、私自身もヘビースモーカーであった。

論文を読んで驚くことはたまにあるのだが、2014年に発表されたこの論文を読んだときにも驚いた記憶がある。それは、喫煙者に対する性格評価について検討した研究である。[*61] そこでは、大学生を対象に調査を行い、喫煙者と非喫煙者の性格イメージを測定しているのだが、結果から、喫煙者は非喫煙者よりも落ちつきがなく、知的ではなく、まじめではないという評価を受けていることが明らかにされている。また、喫煙者は非喫煙者よりも開放性、協調性、勤勉性、情緒安定性が低く見られるという結果も示されていた。さらに、「この人物が採用試験に応募してきたら採用したいと思うか」を尋ねたところ、喫煙者に対してはネガティブな性格の印象から、「採用したくない」と回答する傾向も示されていた。この論文に示されている結果を見たとき、「喫煙者に対するイメージはここまで悪くなっていたのか」と驚いたのであった。そして「たばこをやめることができて良かった」と、禁煙に成功した過去の自分を褒めたことを覚えている。

おそらく今の学生たちに言わせれば、喫煙者に対するイメージが良くないのは「当たり前」のことだろう。しかし、そのイメージの大きな変化は、21世紀に入ってから急激に起きたことだと言ってよい。喫煙に対するイメージは、劇的に転換したのである。

成人男性の喫煙率は、1960年代には80％を超えていた。平成に入った1980年代終わり頃でも60％を超えており、半数以上の男性は喫煙をしていた。その後も徐々に喫煙率は低下し、成人男性の喫煙率が半数を割り込むのは2002年のことであった。そして40％を下回るのは2008年、2016年には30％を下回るまでに低下してきた。先の論文は2014年に刊行されており、すでに成人男性の喫煙率が30％台となっているときの研究である。

喫煙者が多数派だった時代には、「喫煙は健康によくない」ということは認識されつつあったとはいえ、それを否定する意見や無視する人も多かった。イギリスの心理学者ハンス・アイゼンクも、『たばこ・ストレス・性格のどれが健康を害するか』という著書の中で、喫煙のみが健康を害するわけではないという意見を主張している。[*62] 時代が変わり喫煙者が少数派となると、そのような意見も減っていき、喫煙が健康を害することは常識となった。そして、喫煙者に対するイメージも大きく変化していった。

人類は賢くなっているのか

20世紀の初頭、世界で初めて知能検査が開発された。それはフランスでの出来事だった。知的能力に関する研究を行っていた心理学者アルフレッド・ビネーは、フランス政府が招集した委員会メンバーの一員となった。そして、ある目的のために知能検査を開発したのだった。

当時、フランスでは初等教育の無償化が始まり、多くの子どもたちが小学校に通学するようになっていた。ところがその中で、学校の授業についていくことが難しい子どもたちの存在が問題となっていた。そこで知的な発達の程度を測定し、授業についていくことが難しい子どもたちを小学校の入学前に見つけ出すテストが開発された。それが知能検査だったのである。ビネーは、この検査で知的な遅れのある子どもたちを見つけ出し、特別な教育を施すことを計画していた。

その後、アメリカの心理学者ルイス・ターマンが改訂して普及させたスタンフォード・ビネー式知能検査が、世界中に広まっていった。この知能検査は、もとのビネーによる知能検査では算出できなかった、今多くの人にとってなじみのある知能指数(IQ)を算出できるという点に特徴があった。もともと知的な発達に問題がある子どもたちを見出すために開発された知能検査であるが、今でも臨床の現場や教育現場、研究の現場では欠かせない重要な検査である。しかし当時アメリカに渡った知能検査は、子どもたちの問題に対処するためというよりも、優れた知性の特徴やその遺伝、家族歴を明らかにするために用いられるようになっていく。そしてこの検査は、当初の目的から大きく外れ、人種差別や性差別の根拠としても使われていくという、紆余曲折の歴史をもっている。

さて、ニュージーランドの知能研究者ジェームズ・フリンは、この知能検査について興味深い現象を報告している。[*63] 知能検査は定期的に改訂され、得点から知能指数への換算表も改訂される。フリンは、ひとつ前の知能検査と最新版の知能検査を同じ人物に対して行った場合、必ず前の版のほうが高い知能指数が算出されることを見出した。これは、新しい知能検査の問題が難しくなったわけではない。以前の世代よりも後の世代の人々のほうが、平均的に多くの知能検査の問題を解けるようになったことを意味している。フリンが見出した知能検査成績の上昇は、その名前をとってフリン効果と呼ばれている。

フリン効果は、20世紀の私たちの社会が発展してきた様子を映し出している。20世紀を通じて地球上の多くの国で、就学年数が増加し、学業のスキルが向上し、栄養状態が改善し、都市化が進展することで刺激の多い社会が到来し、さまざまな高度な技術が必要とされる職業が増加してきた。このような社会全体の進展が、全体的な知能の向上にかかわっていると考えられる。

なお、20世紀終わり頃になるとフリン効果が見られなくなっているのではないかという指摘もなされている。[*64] しかしその一方で、21世紀に入ってからもやはりフリン効果は続いており、それは先進諸国よりも発展途上国で顕著に見られるという報告もある。[*65] やはり、社会環境が発展してくるのと同時に、全体的な知能検査の結果も向上してくるという現象は普遍的に見られるようである。

これは、スポーツの技術的な向上の話によく似ている。誰かが新しい技を編み出すと、次第に他の多くの人もその新しい技術を学びはじめ、すぐに全体的な競技技術の向上が見られるようになる。また、新しい科学的なトレーニングの開発、オンラインの動画で詳細な競技場面を見て技術を学ぶことができるような環境、ビデオゲームなどでその競技を俯瞰《ふかん》して見ることにより、競技中には見ることができない視点からその競技を客観的に見ることができるようになるなど、そのスポーツだけの環境ではなく、あらゆる環境が競技の技術向上に影響を与えていく。このような環境の変化が全体的に、レベルの向上へと結びついていくのである。知能検査の成績の向上についても、この例と同じようなことが言える。社会全体が発展することは、私たちの能力の向上にも影響を及ぼすのである。

偉人たちのＩＱ

もっと昔の人々のＩＱはどうなのだろうか。たとえば、レオナルド・ダ・ヴィンチのＩＱは２２０、アインシュタインのＩＱは２０５、ニュートンのＩＱは１９５……こういった話を聞いたことはあるだろうか。

ＩＱは知能検査で測定される。そして、知能検査は20世紀になって開発された。しかも成人の知能指数を算出できるようになったのは１９３９年のウェクスラー式の知能検査が開発されてからであり、今も版を重ねているウェクスラー成人知能検査（ＷＡＩＳ）が開発されたのは１９５５年のことである。ということは、その年以降に生きている人でないと、ＩＱを算出することはできないはずである。そして、ビネー式でもウェクスラー式でも、知能検査で算出できるＩＱの数値は、せいぜい１６０くらいまでである。アインシュタインの没年は１９５５年だが、果たして生きている間に知能検査を受けた記録は残っているのだろうか。また、一般的によく使われる知能検査では、ＩＱ２０５という数値はそもそも算出できないはずなのだが、どうしてそういう数値が伝わっているのだろうか。

アメリカの心理学者キャサリン・コックスは、1926年に公刊された書籍の中で歴史上の偉人たちのIQを推定している。[*66] コックスは、「天才」と言われる人々は、若い頃にどのような育ち方をするのか、ということに興味を抱いていた。そして、1450年から1850年の間に生きていた偉人たち301名の記録をひもといていった。選ばれた偉人たちには、政治家、哲学者、作家、宗教家、芸術家、音楽家、そして科学者たちが含まれている。知能指数は、児童期や思春期の頃、そして成人期になった頃のエピソードから推定されている。この年代の偉人たちは、もちろん知能検査を受けてはいないので、伝わっているエピソードから知能指数を推定したということである。知能指数が高く推定されたグループには、ジョン・スチュアート・ミル（若い頃190、成人170）、ゲーテ（若い頃185、成人200）、ライプニッツ（若い頃185、成人190）、パスカル（若い頃180、成人180）などが名前を連ねている。しかしリストの中には、今ではあまり名前が知られていない偉人も多い。

この書籍を読むと、コックスが非常に真摯な態度で知能指数を推定しようとしていることがわかる。生活史と知能指数とを、できるだけ学問的に結びつけようとした努力が随所に見られるからである。ただし、そのことと知能指数の推定が正しいかどうかは別である。知能検査を受けていない以上、推測の域を出ることはない。

なお、コックスの本の中でレオナルド・ダ・ヴィンチのIQは135（児童期）と推定されており、200を超える値からは程遠い。では、どこからダ・ヴィンチのIQが220だという話が出てきたのだろうか。おそらく、コックスを真似《まね》たのちの著述家の書籍の中に書かれた記述に基づくのではないかと思われる。[*67] なぜコックスのリストとのちの著述家たちのリストでIQが大きく異なるかというと、コックスが偉人たちの生活史を丹念に調べているのに対し、著述家たちの推定では成人になってからの業績を大きく加味して推定しているからだと考えられる。これでは、たまたま成功した人や不運に見舞われた人の知能を過大、過小に推定してしまうことになる。

いずれにしても、検査が存在しない時代に生きた人々の数値を推定することは、いかに難しいかがよくわかる例である。

性格も変わるのか

調査方法や検査手法が開発されておらず、その当時のデータが残っていない昔の人々については、なかなかその数値を推定することは難しい。それでも、喫煙者のイメージのような印象の変化や、知能のような能力の変化の話は、比較的わかりやすい。

では、人々の性格はどうなのか。時代によって変わっていくものなのだろうか。

２０１８年にアメリカで公開された映画『ファースト・マン』で俳優ライアン・ゴズリングが演じた、月面に初めて降り立った宇宙飛行士ニール・アームストロングは、とても寡黙で話をするときにも表情を崩さず、我が子や同僚の死に直面してもほとんど動揺する様子を見せない。映画全体も、起きている出来事が劇的であるのに対し、非常に静かな印象を与える。

その一方で映画『スター・ウォーズ』の第1作、エピソード4で描かれているルーク・スカイウォーカーは、感情を隠すことなく表に出すように見える。憤りを隠すことなく表出し、明るく短気で我慢が足りない１９７０年代当時の若者の典型像が描かれているように思えてくる。

ニール・アームストロングは１９３０年生まれで、映画では１９６０年代の様子が描かれている。もちろん、そこには２０１８年の時点から１９６０年代を見た様子が映し出されているのかもしれない。しかし、昔ながらの男性観や家族観は、その当時に色濃く残っていたであろうことも想像される。その一方でスター・ウォーズのエピソード４は１９７７年に公開されており、１９６０年代から70年代のヒッピー文化を経た若者の自由奔放さが表れている印象がある。もっとも、その後、ルーク・スカイウォーカーは修行を経てジェダイとして成長し、自己制御のしかたを学んでいくのであるが。

もちろんこれらは、あくまでも映画の中の登場人物の話であり、その時代の典型的な様子を映し出しているに過ぎない。しかし、やはり時代によって、人々の平均的な性格のありようは変わっていくように思われる。

アメリカ人はナルシスティックに

では記録が残っている最近でも、時代によって性格特性の得点が変化する様子が観察されるのだろうか。そして実際に研究を行っていくと、どのようなことがわかるのだろうか。

アメリカの心理学者ジーン・トウェンギらは、先ほど紹介したフリン効果と同じような分析手法を用いて、さまざまな心理的な特性の時代変化を検討している。具体的には、過去の論文の中で報告される性格特性の平均値を集め、時代ごとにその数値を統合していくのである。すると、昔の平均値と今の平均値を比較することができる。過去の文献から数値を探す、まるで宝探しや遺跡発掘のような作業を行っていく点が興味深い研究手法である。トウェンギはこのような分析手法を、時間横断的メタ分析と呼んでいる。[*68]

たとえば、1979年から2006年にかけて、アメリカで行われた調査の結果を見ていくと、次第にナルシシズム的な傾向が強くなっているという。[*69] アメリカでは自尊感情についても時代とともに平均値が上昇しているという結果が報告されており、[*70] 全体的にポジティブな自己認識をする傾向になってきたことがうかがえる。

トウェンギたちは、1980年代から行われてきた自尊感情を高める子育てや教育の影響について述べている。[*71] 自尊感情を高めようとすることは、もちろん決して悪いことではない。ただし、それ自体を目的とすることは、あまり勧められることではない。自尊感情はある種のメーターのようなものであり、現実のさまざまな生活の状況が良くなったり、自分自身をとりまく状況が良くなったりすると、上昇する。学業成績が良くなれば上昇するし、悪くなれば下降する。また友人関係が良好になると上昇するし、悪くなれば下降する。それは、状況が変化することに伴って、メーターが上下するようなものである。ところが、スピードメーターをいくら操作しても、実際のスピードは上昇しないのと同じように、自尊感情そのものを操作しても、現実の生活が良くなるとは限らないのである。

自尊感情とナルシシズムは、互いにプラスの相関関係にある。ということは、たとえ自尊感情を伸ばそうとしても、一緒にナルシシズムも高くなってしまう可能性があることを意味している。ナルシシズムを伸ばすことなく、自尊感情だけを高めることは、そうそう簡単にできることではない。

アメリカの若者たちのメンタルヘルス

1938年から2007年にわたる性格特性の得点の変化を検討した研究がある。[*72] 検討に用いられたのは、ミネソタ多面人格目録（MMPI）と呼ばれる性格検査である。これは1930年代から1940年代前半にかけてアメリカで開発された検査であり、現在もその改訂版が出版されている。世界中で翻訳され、もっとも使用された実績をもつ性格検査だと言われている。

MMPIは、多面的に複数の性格特性を測定することができる。そして時代の変化との関連を検討したところ、次のような結果が見出された。

心気症傾向（Hs）は、健康状態について心配する傾向を表す。そしてこの性格特性は、大学生でも高校生でも、最近になるほど高い得点を示す傾向を示していた。また落ち込みや不適応の程度を表す抑うつ（D）も、調査年が最近になるほど得点が上昇する傾向を示していた。さらに、反社会的な傾向を意味する精神病質的偏倚《へんい》性（Pd）や過剰な活動の傾向を表す軽躁性《けいそう》（Ma）などについても、近年になるほど平均値が上昇する傾向が示されている。

全体的な結果を見ると、アメリカの高校生や大学生たちは、時代を経るにつれて次第に精神的な問題を呈しやすくなっているのではないかと思われる。近年特にメンタルヘルスの問題を抱えた若者が増えていることや、高校や大学での相談室への来室の多さなどが、これらの結果に関連しているのではないかと論文の著者たちは推測している。

日本人の自尊感情は低下しているのか

ところで日本では、子どもたちや若者たちの自己肯定感が低下しているのではないかということがよく話題にのぼる。自分自身を肯定することは心理的な状態として重要であり、自分自身をポジティブに捉えることは望ましいことだと考えられている。しかし、諸外国に比べると、日本の子どもや若者たちが自分を肯定する程度は低く、しかも最近はさらに悪化しているのではないかという印象が、子どもたちや若者たちと日常的に接する人々の間では問題視されている。

さて、第2章ですでに示したように、日本人の自尊感情の平均値は諸外国に比べてとても低いレベルにある。

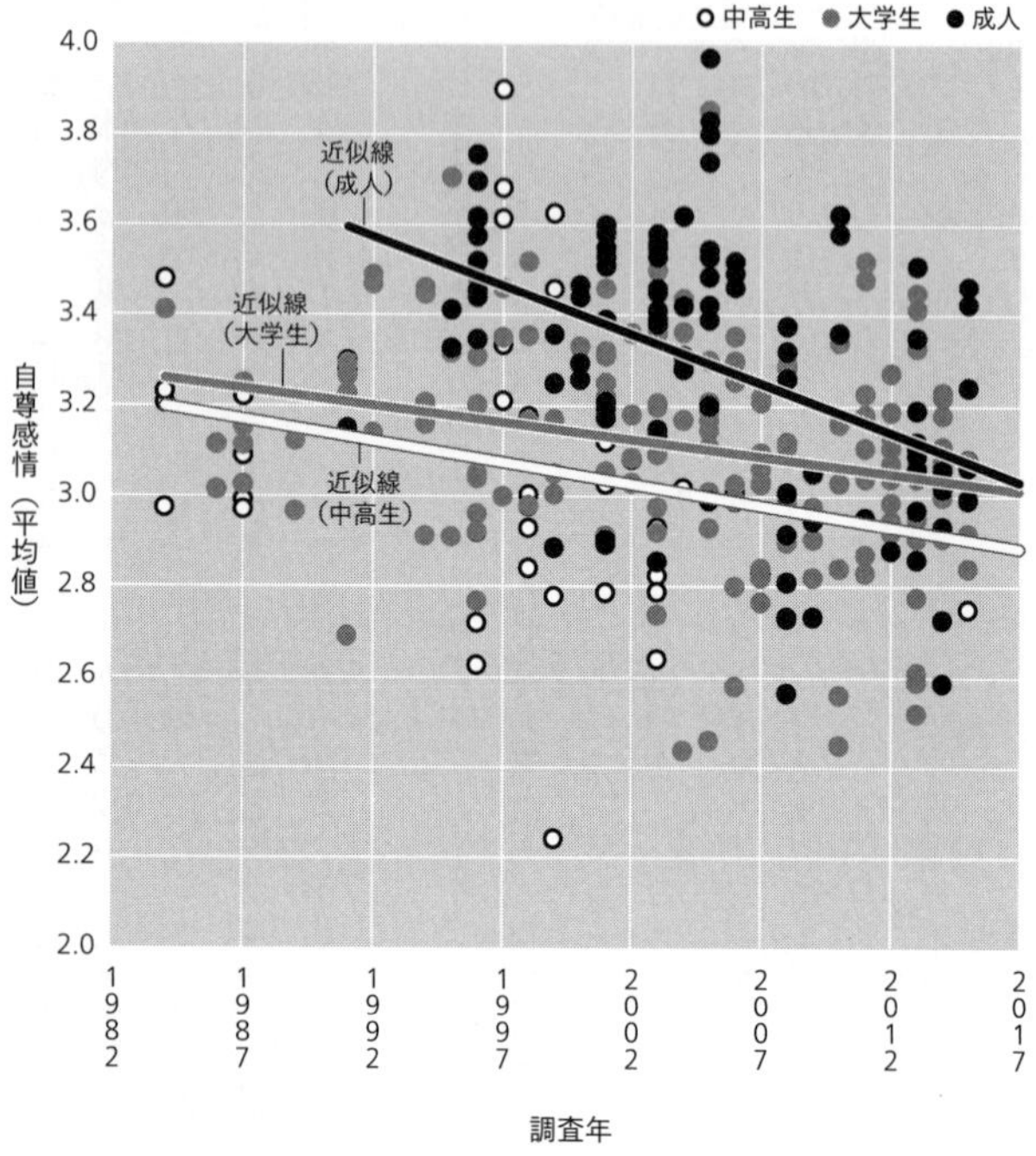

図6●日本における自尊感情平均値の調査年に伴う変化（筆者作成）

ではほんとうに、最近になるほど自尊感情は低下しているのだろうか。

筆者らは、時間横断的メタ分析を用いて、日本人の自尊感情の平均値が近年低下傾向にあるのかどうかを検討したことがある。[*73] 1980年から2013年までに日本で刊行された論文を対象に分析を行った結果、全体としても、また成人期、大学生、中高生それぞれの年齢段階でも、近年になるほど自尊感情の平均値は低下する傾向が見られた。図6は、その後に加えたデータもあわせて分析した結果を図示したものである。やはり、近年になるほど自尊感情の平均値は低下傾向にあることがわかる。

筆者自身、実はこの研究を始めた当初は、自尊感情の平均値が最近になるほど低下しているとは思っていなかった。しかし分析結果を見て非常に驚いて、論文を執筆したことを覚えている。研究者たちは、平均値を高めようとか低めようと考えて調査を行い、論文を執筆しているわけではない。研究者はそれぞれ、目の前の課題に対して研究を行っているだけである。ところが、ひとつひとつの研究結果を収集して並べていくと、全体的に自尊感情の平均値が低下していく様子が観察されるのである。

各国の自尊感情

さて、日本では自尊感情が最近になるほど低下しているという研究結果になったわけなのだが、海外でも同じような傾向は見られるのだろうか。

先ほども触れたように、アメリカでは近年になるほど自尊感情の平均値は上昇しているという報告がある。[*74] 中学生でも、高校生でも、大学生でも1980年代から2000年代にかけて自尊感情の平均値は上昇しており、この傾向は安定しているように見える。

一方で、オーストラリアの研究を集めて自尊感情の平均値の変化を検討した研究がある。[*75] いくつかの要素を統計的に統制した上で1978年から2014年までの平均値を検討したところ大きな変化はなく、平均値のレベルはほぼ一定であった。

また、中国の中高生から大学生を対象に行われた自尊感情の調査結果を収集した研究がある。[*76] その時間横断的メタ分析の結果では、1990年代から2000年代にかけて、中国の若者たちの自尊感情は低下傾向を示していた。しかも、学校段階や性別、調査の地域などを考慮しても、やはり平均値は低下する傾向を示していた。

このように、自尊感情が低下傾向にあるのかどうかについては、どうも国によって結果が異なっているようである。アメリカでは上昇、オーストラリアではあまり変わらず、中国と日本では低下傾向となっており、このような変化に何が関連するのかについては、詳しく検討していく必要がありそうである。

これらの研究結果は、いつどの国で生まれ育っていくかによって、自尊感情のあり方が違ってくることを意味する。いつどこで生まれるかは、私たち自身ではどうすることもできない要因である。このような、どうすることもできない要因の中で、いかに生きてゆくのかということについて、私たちは考えておくべきなのかもしれない。

2　ネガティブになる日本人

YG性格検査

日本でもっとも長い間、広く多くの人々に使われてきた性格検査は、矢田部《やたべ》－ギルフォード性格検査（YG性格検査）と呼ばれる検査である。[*77] この検査の平均値に注日すれば、自尊感情の調査よりもずっと昔から、日本人の性格特性の得点の変化を描くことができる。

この検査は1930年代から1950年代にかけて行われたアメリカのギルフォードの研究を参考に開発されたものである。1950年代に、包括的な性格検査として作成され、現在でも学校現場や企業の採用試験などで広く用いられている。

YG性格検査では、次の12の性格特性を測定する。

◉抑うつ性（D）——この特性の高さは落ち込んだ気分や悲しい気分、罪悪感を抱いていることを意味する。この特性の低さは、充実感を抱き楽天的であることを意味する。

◉回帰性傾向（C）——感情の揺れ動きや気分の変わりやすさ、驚きやすさを表す。この特性の低さは、冷静さや理性的であることを意味する。

◉劣等感（I）——人よりも劣っているという感覚や、自分自身の過小評価、優柔不断さを意味する。この特性の低さは、自信をもっている状態であることを意味する。

◉神経質（N）——心配しがちで不安定、いらいらしやすい、敏感などの特徴を表す。この特性の低さは、情緒的に安定していることを表す。

◉客観性の欠如（O）――現実的ではないことを空想したり、考え事をしがちであったりする傾向を表す。この特性の低さは、現実的な思考をしがちであることを意味する。

◉協調性の欠如（Co）――人を信用しない傾向、警戒心の強さ、閉鎖的な人間関係を表す特性である。この特性の低さは、人を信用し、開かれた関係を営む傾向を意味する。

◉愛想の悪さ（攻撃性）（Ag）――短気で怒りっぽく、人の意見を聞かない傾向を表す。この特性の低さは、気長で人の意見を聞き入れる傾向を意味する。

◉一般的活動性（G）――活動性の高さ、きびきびした態度、身体を動かすのが好きな傾向などを意味する。この特性の低さは、動きが緩慢で効率が悪い傾向を表す。

◉のんきさ（R）――規則を気にせず他の人と一緒に遊んだり、刺激を求めたりする傾向を表す。この特性の低さは、慎重で一時的な刺激を求めない傾向を意味する。

◉思考的外向（T）――細かいことを気にせず、明るい見方で物事を深く考えない傾向を意味する。この特性の低さは、きちょうめんで計画的であることを表す。

◉支配性（A）――この特性は、集団の先頭に立ってリーダーシップを発揮することを表す。この特性の低さは他の人に追従し、他の人の意見を受け入れる傾向を表す。

◉社会的外向（S）――誰とでもよく話をする、人づきあいが広い傾向があるなど、他の人との交流を楽しむ傾向を意味する。この特性の低さは非社交的で派手なことを好まない傾向を表す。

これら12の性格特性のうち、前半6つ（DCINOCo）は情緒不安定性因子と呼ばれ、これらが高くなると情緒不安定、低くなると情緒安定的であることを意味する。また後半6つ（AgGRTAS）は主導性や非内省性を表しており、これらが高くなると全体的な活動性や刺激を求める傾向が強くなることを意味している。

1950年代から使われているこの性格検査を調べることで、どのようなことが明らかになるだろうか。

55年間の性格の変化

筆者らは、ＹＧ性格検査の平均値を過去の論文から集めることにした。[78] 論文データベースで文献を検索し、平均値が記載されている１２２本の論文を見つけ出した。そこから分析に使えるものを選定し、最終的に95本の論文に記載されていた平均値を分析の対象にした。平均値は、中高生、大学生、成人のものが含まれている。分析に際しては、年齢段階の影響を取り除く統計的な処理を行った。

図7の上のグラフは、12特性のうち前半の6特性について、調査年ごとの平均値の変化を描いたものである。これらの特性はいずれも、高い得点になるほど情緒不安定な傾向を表す。それぞれの性格特性によって違いはあるものの、１９８０年代に向けて低下傾向を示した後に、１９９０年代以降になると全体的に上昇傾向を示すことがわかる。

また**図7の下のグラフ**は、12特性の後半6特性の変化を描いたものである。こちらも１９８０年代まではさまざまな動きを見せるのだが、１９９０年代になると全体的な方向性が一致して低下する傾向を示している。

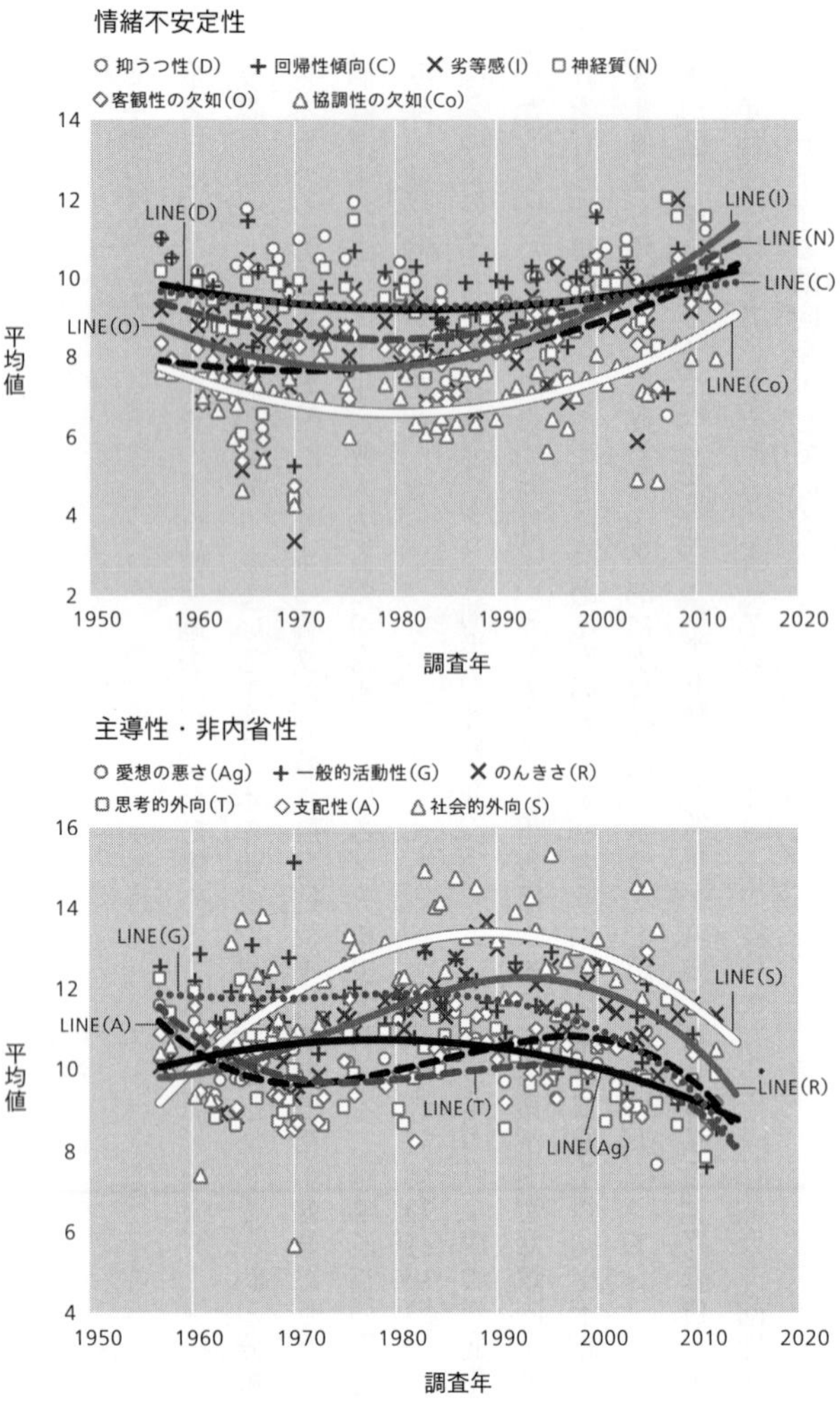

図7●YG性格検査平均値の調査年による変化（小塩他、2019に基づき作成）

これらのグラフを見ると、日本人全体の性格の平均値が、1990年代以降、情緒不安定的で非活動的になってきている様子がうかがえる。どうも、平成の時代（1989年～2019年）というのは、日本人全体の性格がネガティブな方向に向かっていったように見えるのである。

先に示したように、日本人の自尊感情は時代とともに低下しているということだったが、それは1980年代以降の話であった。この変化は、YG性格検査のグラフでいえば後半部分にあたる。自尊感情尺度とYG性格検査とは、まったく異なる測定用具であり、またそれぞれ別の研究であるにもかかわらず（実際、収集された研究の中で、YG性格検査と自尊感情との関連を検討したものはひとつもなかった）、時代の変化は同じような傾向を示していたのである。

どうやら、平成の30年間に日本人全体がネガティブな方向に変化してきたことは、確かなようである。

経済状況は反映するのか

1945年の敗戦以降、日本は徐々に復興してきたが、1950年代前半には朝鮮戦争による特需により、繊維産業を中心に経済的な好景気が生じた。この特需によって不況を脱し、1954年からの神武景気、1958年からの岩戸景気、1965年から1970年までのいざなぎ景気と、日本の高度経済成長期が続いていった。

YG性格検査の平均値を描いた図7の上のグラフを見ると、この高度経済成長期に情緒安定性が高まっていく様子がうかがえる。人々の生活が安定し、物質的に豊かになるにつれて、神経質ではなくなり、他者を信用し、自信をもつようになっていったように見える。

また図7の下のグラフについては、性格特性ごとに高度経済成長期の動きが異なるように見える。思考的外向や支配性は低下しており、人々がより計画的で他者の意見を聞き入れるような方向に変化してきたことがうかがえる。その一方で、社会的外向については上昇しており、人づきあいが拡大し、交流を広げ、楽しむ傾向が高まっている様子がうかがえる。

高度経済成長期は経済的な発展は続いたものの、急激な発展に伴って環境問題が続発し、公害病やゴミ問題、エネルギー問題、食糧問題など、将来を悲観させるような要素も多かった。思考的外向や支配性の低下は、このような世の中の問題を反映してより計画的に、より弱者の意見に耳を傾ける方向への世論の変化に合致しているかのように思える。

さてその後、1970年代にはオイルショックによる不況が起こり、経済は一時的に停滞するものの、１９８０年代に入るとふたたび成長期を迎えた。そして日本のいわゆるバブル景気は、１９８６年から１９９１年までに起きた好景気のことである。日本全体が好景気を意識したのは１９８０年代の後半であり、株価や不動産価格が急上昇していった。しかし１９９０年から株価は暴落しはじめ、平成不況と呼ばれる不況期へと入っていく。そして、先ほど述べたように、このバブル期を越えてから、ＹＧ性格検査の平均値は全体的に、情緒不安定的で活動性に欠けた方向へと進んできたのである。

ＹＧ性格検査の平均値の推移を見ていると、単に性格特性の得点の変化にとどまらず、あたかも日本の経済的な発展期と停滞期をたどっているかのように思えてくる。ただし、日本の各種経済指標と、この平均値の変化を実際に照らし合わせたわけではない。その点はこれから検討されるべき課題のひとつである。

また、経済的な変化が即座に性格特性の得点に影響を与えるとは考えにくい。性格が発達するまでの時間を考えると、特に若い人たちにおいて、社会の中のさまざまな状況の変化が性格特性の平均値の変化となって現れてくるのは、早くても数年を経た後だと考えられるからである。子どもの頃の経済状況が、大学生くらいの性格特性の得点に反映してくることは、十分に考えられる。

ただし、性格に反映するのは実は経済状況そのものというより、経済の発展に伴って生じる社会全体の豊かさや人間関係の変化、身の回りの環境の変化なのかもしれない。日本の高度経済成長期と同じような発展を遂げている中国でも、若者たちの自尊感情は低下傾向にあることが報告されていた。このことからも、単純に経済的な発展がポジティブな方向への性格の変化をもたらすわけではないのだろう。

ネガティブになると何が起きる？

もうひとつの関心は、世の中全体に情緒不安定的で活発さに欠け、自尊感情が低下するような変化が起きたとき、そこから何が起きるのかという問題である。

人間は基本的に、ポジティブな自己認識をもちたいと動機づけられるものである。自分のことを悪く言われるよりは褒められたい。無視されるよりは認めてもらいたい。劣った人間だとみなされるよりは、優れた人間だと思われたい。このような気持ちは、多くの人がもつものではないだろうか。

日本全体がこのような状態になったときに生じるひとつの現象が、「日本はすごい」と思いたい気持ちなのかもしれない。日本は常に海外から注目を集めており、日本はアジアの中でも特別で、日本はほかの国にはない技術をもっており、日本の自然はほかの国にはない美しさがある……。いつからか、テレビ番組の中でこのようなメッセージが増えてきてはいないだろうか。

ここでは存在脅威管理理論という考え方が、興味深い洞察につながると考えられる。[*79] 私たちは、死を避けることはできない。この死を避けることができないという事実は、私たちに脅威をもたらす。その脅威を和らげるために、人は宗教や芸術などを拠《よ》り所にしようとする。そして、自尊感情を高めることも、死の脅威を和らげることにつながる。実際に、実験によって「いつか死ぬのだ」という運命を強調すると自尊感情への関心が強まり、自尊感情の高まりは死への不安を和らげることが示されている。[*80] 私たちは自分の存在を大切に思い、自分に対してポジティブに捉えている間は、死が怖いという感覚を和らげることができる。そのために、自尊感情を高めようとすると考えられる。

ところが、日本人全体の自尊感情だけでなく全体的にポジティブな自己認識は、なかなか高まってくれない。それはおそらく、私たちの文化の中に、ポジティブな自己認識を高めるような仕組みが不足しているからではないだろうか。褒めることよりも批判することが多く、誰かが自慢をすると「出る杭は打たれる」かのように叩《たた》き、素晴らしさをアピールするよりは謙遜を促す。私たちは、そのようにポジティブさを高めることが苦手な文化の中に生きている。そこに輪をかけて、経済を中心とする社会的な停滞が襲いかかってきた。

そんな私たちが死への恐怖に直面すると、何が起きるのだろうか。そこでは、自尊感情以外に死への恐怖を和らげる仕組みが必要になる。そのひとつが、自分自身をより大きな枠組みと同一視することである。そして、その大きな枠組みの優位性を主張することで、自尊感情ではまかないきれない脅威への対処をしようとする。それが、「日本はすごい」また「他国よりもすごい」「こんなすごい日本に来る外国人なのだから、日本が好きに違いない」という思いになり、さらにそこから「他国は日本よりも劣っている」「日本を批判するなんて許せない」という認識へとつながってはいないだろうか。

もしかしたら、多くの人々が死への恐怖に直面させられた東日本大震災以降に、日本のすごさを喧伝《けんでん》するテレビ番組が次々と作られていったことも、このことを反映しているのかもしれない。そうだとしたら、それは、自分たちを安心させ、心地よくさせるためのひとつの反応なのだろう。

第4章　男性と女性は何が同じで何が違うのか――性格と性差

1　欧米で自尊感情の男女差が大きい不思議

男女の違い

男女で性格は違うのか、という素朴な疑問は多くの人が抱くものだろう。その話題に入る前に、いくつかの観点から男女の違いについて考えておきたい。

男性と女性という分け方は、予想以上に曖昧である。私たちの身体的な性別は性染色体で決まるということは、学校で学んだ通りである。1組の染色体のペアがあり、X染色体とY染色体のペアをもてば男性、X染色体とX染色体のペアをもてば女性となる。

ところが、性染色体の異常状態が見つかることは、それほど稀《まれ》なことではないという。実際にフランスでは、XXXXX、XXXX、XXY、YYX、X、Y、YYといった型の染色体の持ち主が40万人くらい存在していると見積もられているそうである。[*81] さらに、肉体的な外観が必ずしも完全に性染色体の型に一致するとも限らない。XX染色体をもつにもかかわらず外見は男性、XY染色体をもつにもかかわらず外見は女性、という人々も存在するという。

心理的な男性性、女性性を考えれば、さらにその境界は曖昧になっていく。行動や態度、性格や価値観など多岐にわたる心理学的な側面における、「男性とは」「女性とは」という見方のことを性役割観という。発達心理学者の柏木恵子《かしわぎけいこ》は、男性性役割に関する次元には頭が良いとか理性的、指導力があるといった「知性」と、経済力がある、積極的、活発といった「行動力」が想定される一方で、女性性役割の次元には従順で謙遜、気持ちが細やか、かわいいといった「美・従順」の因子が想定されることを報告している。[*82] また発達心理学者の伊藤裕子《いとうゆうこ》は、男性性役割観や女性性役割観と同時に、両者に共通する人間性という3つの観点から性役割観を捉えている。男性性の内容は、冒険心に富んだ、たくましい、大胆な、指導力のあるといったものであり、女性性の内容は、かわいい、優雅な、色気のある、献身的などといったものであった。また、人間性の内容は、忍耐強い、心の広い、明るい、温かいといったものである。[*83] もちろん、生物学的に男性であっても優雅で献身的な人物はいるだろうし、生物学的に女性であってもたくましく大胆な人物は存在する。

男女の「違い」とは、どのような状態を指すのだろうか。なお、もちろん男女差を考えていく上では、性的マイノリティの存在を抜きにすることはできない。しかし、ここではいったんそれを脇に置き、男性と女性という性別の話だけに焦点を絞っておきたい。

コミュニオンとエージェンシー

そもそも、男性的な性格とか女性的な性格というものはあるのだろうか。

心理学では、女性的な性格特性を共同性（コミュニオン）、男性的な性格特性を作動性（エージェンシー）と言うことがある。共同性の特徴は他者と一緒にいるという感覚、接触、解放、結合、協力などを意味しており、作動性の特徴は自己主張、自己拡張、達成、分離、孤独などを意味する。[*84]

共同性と作動性は、それぞれが女性的であることと男性的であることを表してはいるが、その両者がともに備わっていることが重要だと考えられている。共同性は感受性の高さを意味するが、行動力の源泉である作動性が欠けた共同性をもつ場合には、とにかく周囲の人々の顔色だけをうかがっておろおろするような態度をとることにつながってしまう。その一方で、共同性が欠けた作動性の場合には、自己主張ばかりが激しい傲慢な態度となって現れることになる。

このことからも、男性らしさと女性らしさは性別に結びついているというよりは、誰もがもつ性格のバランスの問題であると考えられる。そして、そのバランスのあり方が人によって少しずつ異なっており、それが独自の個性を作りだすというイメージをもつと考えてよいだろう。

男女の身長差

本書では、身長や体重になぞらえて説明をすることが何度かあるが、それは実生活の中でイメージがしやすいからである。ここでも、男女の違いを身長で考えてみよう。

男女の平均身長を比べてみると、女性よりも男性のほうが高くなる。これは誰もが知っていることである。ちなみに、カップルの理想の身長差はと尋ねられたら、何センチと答えるだろうか。一般には、15センチが理想だと言われているそうである。では、実際の男女の身長差はどれくらいなのだろうか。

小学校から高校まで、毎年身長や体重が健康診断で測定され、文部科学省がその情報を集約している。その学校保健統計調査の結果によると、平成30年（2018年）における高校3年生男子の平均身長は170・6センチ、女子の平均身長は157・8センチなので、男女の身長差は12・8センチである。*85 おおよそ、カップルの理想の身長差に近い数値になっている。

ここでの問題は、平均値だけを問題にしていては「どれくらいの差なのか」がわからない点にある。男女の身長差12・8センチが大きいのか小さいのかを、どのように判断したらよいのだろうか。

同じ12・8センチでも、身長の高さであるのか、車の長さであるのか、屋根までの高さであるのか、山の標高であるのかによって、その評価のしかたは大きく違ってくる。身長では大きな違いに思えるかもしれないが、あちらの山とこちらの山の高さを比べるときに12・8センチという違いはほとんど意味がない。このように、何を比べるかによって、「差の大きさ」のもつ意味が変わってくるのである。

そこでひとつの判断基準として、標準偏差という値を用いる。第2章でも触れた標準偏差は、平均からのばらつきを表す統計値であり、データのばらつきの基準となるような意味をもつ数値である。そこで、2つのグループの平均値の違いを表現する際に、「標準偏差でいくつ分」であるかを問題にする。標準偏差を基準にして、差の評価をしようというわけである。身長であれば、おおよそ標準偏差は6センチである。そして、山の高さであれば、標準偏差は数十メートルや数百メートルになるかもしれない。だから、山の高さを考えるときに12・8センチという差はほとんど意味がなくなる。

さて、身長の標準偏差はおおよそ6センチなので、男女の平均身長の差は、標準偏差でおよそ2つ分ということになる。これを、「効果量2・0」と表現する。研究論文の中ではよくこの効果量という値が用いられる。平均値の差を標準偏差に照らし合わせた効果量の場合、効果量が0・8を超えると「大きな差」、0・5を超えると「中程度の差」、0・2を超えると「小さな差」と判断される。男女の平均身長差である「効果量2・0」というのはきわめて大きな値なのである。

男は女よりみな高いのか

周囲にいる男女の身長を思い浮かべてみてほしい。男性よりも背の高い女性は、まったく存在しないと言えるだろうか。少し周囲に目をやれば、そんなことは絶対にないことがわかるだろう。男女の平均身長の差の効果量は２・０であり、とても大きな差である。それでも、男性よりも背の高い女性はいくらでも存在する。

研究の中で男女の平均値の違いを論じている場合、効果量が２・０を超えるようなことはほとんどない。このことは、ぜひ覚えておいてもらいたい事実である。研究が世に広まる際に、「男性は女性よりも○○という事実がわかった」などと、センセーショナルに書き立てられることがある。しかし、そのもとの論文の中で示されている効果量は、２・０どころか０・２程度であることも多い。このような小さな効果量の差の場合には、ひとつの自治体や大企業のような大人数を比べたときには意味が出てくるが、目の前の人物の何かを判定することに使えるとはとても思えない。

性別を判定に使う不適切さ

医学部の入試において、男女で異なる判定基準が用いられていたことが近年問題となった。そこでは、女性の受験生の合格点を男性よりも一律に高く設定していたことが明らかにされた。その理由とされたのが、「女子の精神的な成熟は男子より早く、相対的にコミュニケーション能力が高い傾向があるから」というものだった。この理屈に対しては多くの批判が寄せられており、その後の入試ではこのようなことが起きないことを願っているが、ここでは性別を判定に用いることが適切かどうかについて考えてみたい。

もしも、男性よりも女性のほうが精神的な成熟が早いということが事実だとしてみよう。しかしながら、精神的な成熟には当然、個人差がある。たとえば身長が伸びる年齢は平均的に女性のほうが少し早い。身長の平均値を見ると、小学5年生あたりでは女子児童の平均身長が男子児童を上回っている。しかし、それも個人差を無視した話なのである。

身長が伸びる年齢のように、精神的に成熟する年齢も個人によって異なる。平均的に見て女性のほうが早い年齢で精神的に成熟することがたとえ事実だとしても、それを判定に用いることが適切かどうかは、また話が別なのである。

これは、身長で合否を決定する架空の例を考えてみればいい。とにかく身長が高い半数の人間が「合格」で、身長が低い残りの半数の人間は「不合格」になるとする。手にできる情報が身長そのものであれば、身長を測定すればいい。それがいちばん直接的な合否の判定方法だからである。そして結果的に、もちろん女性は不合格になりがちで、男性は合格になりがちであるけれども、合格者の中に一定数の女性が入ることは間違いない。

しかし、手にすることができる情報が性別だけだとしたらどうだろうか。男女の平均身長差は、効果量2・0のとても大きな差である。これだけ大きな効果をもつ差なのだから、性別を使って身長の高低を判定しても問題はないように思われる。ところが、結果を見ると、背の高い女性は不合格になり、身長の低い男性は合格になっている。いくら効果量が大きいからと言っても、それを判定に使うことが適切であるかどうかとは話が別である。ましてや、先ほども説明したように、男女の差の多くは身長の差よりも小さい。そうであるならば、重要な判断に性別を用いることが適切でないのは明らかである。

些細な差

さて、本書ではすでに性格の発達について説明する中で、性格の男女差についても触れている。

第1章で紹介した、120万人を超えるソトーらの研究で示されているように、[*86]ビッグ・ファイブの5つの性格特性については、次のような男女差が見出されている。つまり、開放性については女性よりも男性のほうが高く、他の4つの特性（外向性、神経症傾向、協調性、勤勉性）については女性のほうが高い。

ここで「高い」とはいえ、効果量はどの程度なのだろうか。たとえば神経症傾向の場合、もっとも男女の差が開く20歳前後で、効果量は0・5程度である。また外向性は女性の平均値が高いのだが、もっとも差が開く30歳前後で効果量は0・3前後である。協調性は女性が高く、50歳前後で比較的差が開くのだが、そこでの効果量は0・4程度、勤勉性も女性が高いのだがもっとも差が開いても効果量は0・3程度である。そして、男性の平均値が高い開放性については、もっとも差が開く30歳前後で効果量は0・3程度である。

性格特性の得点にはたしかに男女で統計的に意味のある「差」が存在する。しかし、その差の大きさは、身長の差よりもはるかに小さい、微妙な差に過ぎないことがわかるだろうか。

このような些細な差は、目の前の人物を判断することにはあまり役に立たない。ところが、より広く世界を見渡したときには、少し面白い世界が広がっている。そういう世界を見てみよう。

自尊感情の男女差と地域差

アメリカの性格心理学者リチャード・ロビンスらは、自尊感情の生涯発達について研究する中で、男女差についても検討している。[*87] その結果によると、9歳から12歳の子どもの頃には、自尊感情にはほとんど男女差は見られない。しかし、13歳から17歳の青年期になると、女性よりも男性のほうが高くなり、効果量は0・2程度となる。その後、成人期を通じて同程度の差のまま進むが、70代以降になると差はふたたび小さくなる。男女で比較すると、男性のほうが自尊感情は高いようだが、その差は小さいということがわかるだろう。

では、自尊感情の男女差は地域によって異なるのだろうか。世界の48ヵ国で自尊感情の男女差と年齢による平均値の変化を調べた研究がある。[*88] インターネット調査で世界中の16歳から45歳まで、約100万人を対象に行われた調査を分析したところ、全体的に女性よりも男性の自尊感情が高く、その差の大きさは効果量で0・25という値だった。この大きさは、先ほどの研究と大きく違わない値である。やはり、自尊感情の男女差の大きさは、標準偏差の4分の1から5分の1くらいのようだ。

さらに、それぞれの国で年齢に伴う男女の平均値の変化のしかたが異なることも示されている。たとえば日本は、10代では男女の差が比較的開いているが、中年期になるとあまり差がなくなっていく。その一方で、ベネズエラやコスタリカ、ドミニカ共和国、エクアドルなどでは、中年期になるほど差が開いていく。カナダやアメリカ、イギリス、イタリア、オランダなどでは男女の差が一定のまま年齢を重ねていく傾向がある。全体的に見ると、アジア地域では自尊感情の男女差はあまり大きくなく、中東や中南米では年齢を重ねるほど差が開く傾向があり、欧米や北アメリカでは男女の差が比較的大きく、年齢によってあまり差の大きさに変化がない傾向がある。

そして、社会経済的な指標との相関を調べると、どうも全体的に、1人あたりのGDPが高く、よく発展しており、平等主義的で、個人主義的な国ほど、男女の自尊感情の差が「大きい」ということが言える。こういう国ほど自尊感情の男女差が小さいのではなく、「大きい」のである。これはどうしてだろうか。

ビッグ・ファイブの男女差と地域差

この答えについて考える前に、ビッグ・ファイブの性格特性について世界の55ヵ国・地域で調査した研究を見てみよう。[*89] 調査対象者は各国数十人から数千人までの幅があるが、総計で約1万8000人である。全世界のビッグ・ファイブで見てみると、やはり神経症傾向、外向性、協調性、勤勉性については女性のほうが高く、開放性は男性のほうが高い。ただし、その差は神経症傾向で効果量0・40、外向性で0・10、協調性で0・15、勤勉性で0・12、そして開放性は0・05程度である。あまり大きな差とは言えない。

そして、国別に見ると、当然ながら男女の差が比較的大きな国もあれば、小さな国もある。比較的性格の男女差が大きな国は、フランス、オランダ、チェコ、ブラジル、ベルギー、イタリア、スロバキア、オーストリアにスペインなど、ヨーロッパや南米諸国が多い。差が小さな国としては、インドネシア、コンゴ、ボツワナ、インド、韓国、日本などアジアやアフリカ諸国が目につく。実際に地域別に男女の得点差を検討してみると、南北アメリカやヨーロッパ地域は比較的明確に差があるのに対し、アジア地域やオセアニア地域では、あまり男女の差が見られなくなる傾向がある。

そして、さまざまな社会経済的指標と、各国の性格の男女差との関連を検討すると、人間開発指数が高い国ほど、男女の得点差が「大きい」という結果が示された。人間開発指数とは平均余命、教育指数、ＧＤＰ指数を組み合わせた指標であり、経済的な成長だけでなく人間の暮らしや自由度の高さからその国の開発レベルを推定する指標である。一般的に、この人間開発指数が高い国々は、社会の中での男女平等も進んでいると考えられる。それにもかかわらず、人間開発指数が高い国ほど、性格の男女差は大きくなる傾向がある。

ビッグ・ファイブでも先ほどの自尊感情と同じような現象が見られたことになる。

発展した国ほど差が大きい理由

自尊感情についてもビッグ・ファイブの性格特性についても、社会が発展して近代化した国ほど、男女の得点差が大きくなる。そして、発展した国ほど、その男女の差が年齢にかかわらず続く傾向がある。これは、どうしてなのだろうか。仮説の域を出ないが、いくつか解釈できる。

まず、生得的かつ社会的な要因である。まず、何らかの遺伝学的、生物学的、脳神経科学的に、男性よりも女性のほうが神経症傾向や外向性、協調性、勤勉性が高く、開放性や自尊感情が平均的に低くなるという前提を考える。このような証拠はまだ明確ではないのだが、小さくても安定した差の背後にそのようなプロセスが関与している可能性は考えられる。そして、発展した国のほうが男女の発達過程に共通点が多いため、その差が維持されたまま成長していくことで、結果的に男女の得点差が維持されるという仮説である。一方、男女で異なる発達のプロセスをたどる発展途上の国のほうが、生物学的な男女の差が見えなくなる傾向にあるという考え方である。

もうひとつの考え方は、社会の中での比較を考慮したものである。つまり、男女の得点差が大きい国というのは、男女で比較する場面が多い社会であるという仮説である。社会的に成熟した欧米の国々のほうが性格特性の得点の男女差が大きくなるのは、社会の中で男女が一見すると平等に扱われ、競争しているように見えながら、さまざまな要因によっていまだに男性が社会の中で上位に位置しやすいという、実情の表れであるのかもしれない。その一方で、社会の中で男女の役割が切り離されており、比較対象が同性ばかりになると、何が起きるだろうか。それぞれの性別の中で自分と他者を比較し、自分の性格や自尊感情を評価すると、男女それぞれの中での個人差は大きくなるものの、男女間での得点差は小さくなると考えられるのである。

性格の男女差は小さく、個人の生活にとってはそれほど意味がないと思われるが、社会全体を眺めたときには、そこに深い意味が隠されている可能性がある。

日本の自尊感情の男女差

以前筆者らは、日本における自尊感情の男女差をメタ分析で検討したことがある。[*90] 男女の得点差を報告している50の研究を分析したところ、全体として女性よりも男性の自尊感情の平均値が高かったが、その効果量は0・17と小さな値だった。また、男女の差は中学生で比較的大きく、高校、大学と年齢が高くなるにつれて小さくなる傾向が見られた。さらに調査年について検討すると、1980年代、1990年代、2000年代と時代が下るにつれて、次第に男女の差が「小さく」なる傾向が認められた。

中高生で男女の差が大きく、成長とともに小さくなる傾向は、先ほど紹介した研究の中でも日本の特徴として示されていた。これは、もしかしたら成長に伴って男女の扱いが変わってくることを意味しているのかもしれない。小学校や中学校では、男女は比較的平等に扱われる。勉強も体育も男女が一緒になり、その中で競争する環境があり、そういう平等な競争の中では、男女の差が明確になる。それに対して成長し、社会に出て行くと、男女がそれぞれの場所で過ごすことが多くなり、男女間の比較が行われなくなっていく。私たちの社会の中では、そのようなことが起きているのかもしれない。

しかし、1980年代よりも2000年代のほうが男女の平均値の差が小さくなっていることを考えると、時代が下るにつれて社会の中で男女がそれぞれの場所でわかれて過ごすようになってきた、ということになる。しかし、本当にそうなのだろうか。1980年代に比べれば、2000年代のほうが女性の就業率も社会進出も進んだはずである。ところが、実際の女性の就業状況を見てみると、結婚・出産前の就業率は上昇しているものの、第1子の出産を機に退職する女性は、1980年代も2000年代もずっと3割から4割で大きな変化がない。[*91] そして世界経済フォーラムが発表している、経済、政治、教育、健康の観点から男女格差を測るジェンダー・ギャップ指数を見ると、2019年の段階で日本は世界153カ国中121位となっている。[*92] このような数字を見ると、日本における女性の社会進出の進み具合は芳《かんば》しくないようである。もしかしたらこのような社会情勢が、自尊感情の男女差の縮小に関連していると言えるかもしれない。

「どこで生まれ育つか」によっても、私たちの人生は大きく左右される。それに加えて、「いつ生まれ育つか」という要因も、私たちがどう生きるかを大きく左右していく。これらの研究結果を見ると、そのことが実感される。ただし、実際に何がこのような現象を生み出しているのかについては、まだよく分からないことが多い。今後も継続して検証していく必要がある。

2　結婚、浮気、そして離婚

似ている性格の人と付き合う

男女についてもっと身近な問題を考えてみよう。それは、性格が似ている相手と付き合うのか、似ていない相手と付き合うのか、という問題である。

「似たもの夫婦」という言い方があるように、カップルは似ているような気もするし、「同属嫌悪」という言葉があるように、似たものに対してはむしろ反発する気持ちが芽生えてくるような気もする。研究の中では、互いに似ていることを類似性、そして互いに異なっていて補い合うような関係のことを相補性という。いったい、どちらがカップルに良い効果をもたらすのだろうか。

たとえば、夫婦の性格の類似性を検討した研究がある。[*93] この研究では、248組の夫婦に対して性格や価値観と、関係の満足度の調査が行われている。そして結果を見ると、価値観や性格のプロフィールが夫婦で似ているカップルほど、関係の満足度は高くなる傾向が示された。

また、恋愛中のカップルの目標の類似性を検討した研究もある。[*94] 125組のカップルに調査を行ったところ、女性においては目標のパターンが類似しているほど、相手との関係に満足しやすいという結果が報告されている。また、スリルのある活動に参加する、良い活動をする、宗教上の教義を守る、友人を大切にするといった項目について、カップルはカップルではない組み合わせより互いに似ていることも示されている。

さらに、多くの研究をまとめてメタ分析を行った研究もある。[*95] まず、神経症傾向が低く協調性と勤勉性の高い人は、カップルの相手に満足しやすい傾向が見られた。そして、カップルの類似性と満足度との関連を見ると、39のうち31の研究では満足度を高める効果がないという報告がなされている一方で、6つは類似しているほど関係が満足する、2つは類似しないほど満足するという報告となっており、一貫しないという結果であった。

この点については、結婚期間の長さが関連しているかもしれない。749組の日本人の結婚したカップルを対象とした研究では、[*96] 結婚してからの期間がより短いカップルでは互いの性格の類似性が関係満足度を高める一方で、期間が長くなるとその効果が見られなくなることが報告されている。いずれにしても、どちらかといえば性格が似たカップルのほうが、満足しやすい傾向があることは確かなようである。

なお、カップルは赤の他人同士のペアに比べると、顔つきも似ているという。夫婦の顔の類似性を、赤の他人同士のペアと比べて検討した研究がある。[*97] 夫婦が一緒に生活していると、服装やアクセサリー、メガネも似てくる可能性がある。そこで髪型や耳や首回りもすべて切り取った顔写真画像を用意し、実際の夫婦のペアと無関係の男女のペアで組み合わせる。そしてその顔写真の類似度を、その夫婦たちを知らない大学生51人が評価する。このような手続きを行ったところ、夫婦のペアの顔写真は赤の他人の組み合わせよりも、やはり類似していると評価されたという。さらに、顔写真だけを見てそれぞれの人物の性格を推定させているのだが、性格が「似ている」と判断されたペアほど、「顔もよく似ている」と評価されたそうである。行動や考え方や意見が似てくると、顔まで似てくるということだろうか。それとも、顔が似たカップルは性格や価値観なども似て見えてくるのだろうか。

似ている・似ていない

ここまで、性格が似ている、似ていないという話をしてきたのだが、この「似ている」という現象を正確に捉えることは非常に難しい。私たちはつい「似ているものは似ている」などと考えてしまうが、そもそも「似ている」とは何だろうか。

たとえば、普通のきょうだいに比べれば、一卵性の双子は互いにとてもよく似ている。しかし、赤の他人に比べれば、親子やきょうだいは互いによく似ている。日本人と韓国人は、日本人とフランス人に比べればよく似ている。けれども、人間同士であれば、人間とオランウータンに比べればよく似ている。しかし、人間とオランウータンは、人間とイヌに比べればとてもよく似ている。でも人間とイヌは、人間とサメに比べるとよく似ている……といったように、「似ている」「似ていない」という判断は、それを何と比べるかに依存しているのである。

大学の講義でこういった話をするときには、「大学で同じ講義室に座っているだけで、赤の他人同士と比べればとてもよく似ている」という表現をすることがある。ある大学の講義室に座っている学生同士を見比べてみると、互いにずいぶん違っているように見えるので、「この中から似た人を見つけて付き合わないと、うまくいかないのか」と思いがちである。ところが、日本人全体で考えてみれば、今この瞬間にこの講義室の椅子に座っているというのは、とても似た境遇にいることを意味する。まず、互いに年代が近い。そして、大学に通っている。大学進学率は高くなったとはいえ、5割から6割程度である。さらに大学受験をし、同じ大学に通うことを選択している。このような選択をしている時点で、育ってきた社会的階層や境遇、身の回りをとりまく生活環境や文化も似ていると考えられる。

同じ大学に通う者同士でカップルになる時点で、日本人全体の中で見ればとてもよく似ていると言えるのである。このことが、研究の中で少しだけ「カップルは似ている」という結果が報告されるひとつの要因なのかもしれない。

離婚が多い月、同棲、できちゃった婚

カップルの成立に対して、関係が終わることについては何か法則があるのだろうか。離婚と性格の関連について検討する前に、いくつか離婚に関連する研究を紹介してみたい。

離婚は何月に多いと思うだろうか。人口動態調査によると、日本の場合は明らかに毎年3月の離婚件数がいちばん多くなっている。[*98] 年の変わり目である12月ではなく、新しい生活に移行する年度の変わり目がもっとも離婚に踏み切りやすい月なのかもしれない。ではアメリカの場合はどうだろうか。アメリカの社会学者が集計した結果によると、どうもピークが2カ所あり、それは3月と8月なのだという。[*99] まず、アメリカでは多くの学校が8月末や9月から新学期をスタートさせる。そのスタートの前に離婚をしようという動機づけは、日本とよく似ている。もうひとつの要素は、3月も8月も、子どもたちの学校に長期の休みがある月だという点である。離婚に際して弁護士を雇い、十分な協議の時間をとるには時間も手間もかかる。3月と8月という長期の休みがある月は、その最適の時だと考えられるのである。

結婚前に同棲《どうせい》することについてはどうだろうか。日本では「結婚前に一緒に生活をして、試してみたほうがよいのでは」という意見が根強くある。ところが海外の研究ではおおよそ一貫して、同棲を経験したカップルのほうが、全体的に離婚確率が高くなるという研究結果

が得られている。[*100] これにはいくつか理由が考えられる。まず、同棲を選択するカップルは、離婚に対しても寛容な価値観をもつ人が多いためだろうという仮説である。次に、結婚前に一緒に暮らすという、やや社会的に逸脱した行為を経験することによって、離婚の許容度が高まってしまうのではないかという仮説である。そして第3に、結婚という大きなイベントを契機に関係を構築していこうとする動機づけが薄れ、それ以前と変わらない生活が続くことで、生活の再構築の機会を逃してしまうためということが考えられる。「お試し期間をおいたほうがよいのでは」という意見はあるが、お試しでも一緒に生活するという選択は非常に大きなものである。いったん始めると、なかなか途中でやめることが難しくなってしまう可能性もあるので、注意が必要ではないだろうか。

では、いわゆる「できちゃった婚」についてはどうだろうか。アメリカではこのような結婚の形式を俗語で「ショットガン・ウェディング」という。この言葉は、結婚前に娘に子どもができていることがわかると、父親がショットガンをもって相手の男性のもとを訪れ結婚を約束させたことに由来している。これはまさにアメリカらしい表現かもしれない。日本では、できちゃった婚はまったく珍しいことではなく、10代の結婚では8割以上、全体でも3割近くができちゃった婚の形になっている。その一方でアメリカでは、そのような結婚の形態はおよそ10％で、しかも年々減少しているという報告がある。[*101] そしてアメリカでは、できちゃった婚は、あまり社会経済的地位が高くない人々の間で見られる結婚のスタイルだ、という意識が強いようである。性的な交渉は日本よりも自由なように見えるアメリカだが、結婚に対する価値観は意外に慎重で日本とはずいぶんと異なっている。他国の人と結婚を前提に付き合うときには、気をつけておくべきかもしれない。

離婚と性格

さて、離婚と性格には何か関連があるのだろうか。

ドイツ、イギリス、ベルギーの３カ国で実施された調査について、離婚経験と性格の観点から分析した研究がある。[*102] その研究結果によると、ビッグ・ファイブのうちどの国でも共通して離婚に影響を及ぼしていたのは、開放性の高さであった。そのほか、神経症傾向や外向性は離婚確率を高め、勤勉性や協調性の高さは離婚確率を低める方向に影響していた。ただし、外向性と神経症傾向については、性別や年齢、教育段階などさまざまな要因を考慮するとその影響力が小さくなる傾向が見られた。その一方で、勤勉性と開放性については、他の要因を考慮しても影響が残る傾向にあった。

なお、国によって性格と離婚経験との関連は異なっており、その度合いも大きなものだとは言えない。しかしながら全体的に、開放性の高さと勤勉性の低さが離婚の特徴だと研究者たちは述べている。開放性の高さは前例や慣習にとらわれない傾向を表し、勤勉性の低さも社会的な規範に縛られない傾向を表す。これまでの生活の延長線上を今後も進んでいくことにこだわらず、離婚することに抵抗感が少ない、どちらかというとルールに縛られず自由な考え方をする先に離婚があることを、この研究は表しているのかもしれない。

浮気をする性格

離婚に至る大きな要因のひとつである、浮気についてはどうだろうか。

アメリカで１０７組の夫婦２１４人を対象にした調査がある。[*103] 夫婦それぞれに対して調査が行われており、本人の性格特性と、それぞれ結婚相手が「浮気をしている可能性」について回答している。浮気をしているかどうかを自分で回答すると、正直に答える可能性は高くないと考えられるが、パートナーが回答すれば（もちろんそれも推測に過ぎないが）疑わしい様子を示していれば回答に表れてくると期待される。

まず、勤勉性が低いと浮気の可能性が高まることが明らかにされた。離婚と同じように浮気も、秩序やルールを重視して自分を律する傾向を表す勤勉性が低いことに関連するようである。またそれに加えて、夫婦の関係も浮気の傾向に結びつくという。たとえば、不仲であれば浮気の可能性が高まる。一方、自分ではなくパートナーの協調性と勤勉性の高さが自分の結婚生活の満足度を高め、その満足度が自分の浮気の可能性を低くしていくという関係も示された。言い換えれば、自分の協調性と勤勉性の高さは夫婦生活の満足度を高めることで、相手の浮気の可能性を低くしていくということでもある。やさしく誠実な態度が、パートナーの不貞を防止するということだろうか。

また、結婚したばかりの夫婦を数年間追跡調査した研究もある。[*104] この研究結果では、夫婦の浮気をする傾向に対して、それぞれ異なる性格特性が影響する様子が示されている。たとえば夫の浮気の傾向に対しては、夫本人の性格特性より妻の神経症傾向とナルシシズム傾向の高さ、開放性の低さが影響していた。不安定で自分のことを中心に考え、保守的な傾向を示す妻は、夫の浮気の可能性を高めてしまうようである。そして妻の浮気傾向に対しては、本人の外向性と夫の神経症傾向の高さが影響していた。他の人々と盛んに交流することに関連する外向性が浮気に影響するのは、妻の側に顕著だという結果であった。

どうやら、夫婦ともに相手の浮気の確率を高めてしまうのは、自分の情緒不安定さのようである。落ち込みやすかったり不安を抱えていたり、怒りを抱きやすいなど、ネガティブな情動が表に出ることは、相手にも良くない影響を及ぼすということなのだろうか。

しかしそれにしても結果を見ると、夫は自分が浮気をするかどうかを「妻次第」にしてしまっているように思えてくる。夫の浮気傾向に対しては「妻の性格」ばかりが影響していて、本人の性格はあまり関係がないというのは、少し考えさせられる結果ではないだろうか。

ダークな性格と浮気

マキャベリアニズム、サイコパシー、ナルシシズムの集まりであるダーク・トライアド傾向が高い人物の場合は、どうだろうか。先に述べたように、このダーク・トライアドは短期的な生活史戦略に関連する。この短期的な戦略とは、多くの異性と関係をもち、その関係は短期間に終わるという特徴がある。ということは、ダーク・トライアド傾向が高い人物は浮気をしやすいのではないだろうか、そんな想像もできる。

恋愛関係では、自分が浮気をしたり自分のパートナーが浮気をしたりするという、二人の間の能動的なやりとりが問題になるだけではない。第三者によって自分のパートナーが奪われたり、また自分が誰かとすでに交際関係にある相手を奪い取ったりする、という関係も生じる可能性がある。このような交際相手を奪い合う行為は、略奪行為と呼ばれる。それに対し、恋愛パートナーを奪われないようにする行為のことを、パートナー保持行動という。そして、短期的なパートナーとの関係を繰り返すダーク・トライアド傾向の高い人物は、この双方の恋愛関係に関連する可能性があると考えられる。

では実際に、ダーク・トライアドはこのような恋愛のあり方に関連するのだろうか。この関連を検討するために20歳代を中心に300人以上に調査を行った研究によると、[*105] ダーク・トライアド全体がさまざまなパートナー保持行動に関連していた。ダーク・トライアド傾向の高い人物は、相手との関係が崩壊しないように警戒したり、相手を独り占めしようとしたり、性的な満足感を与えたり、相手が他の異性と親しくしていたら嫉妬や怒りを表したり、ものを買い与えたりといった、相手との関係を維持するためのさまざまな活動をする傾向にある。その一方で特にナルシシズムとサイコパシーは、略奪愛の傾向に関連することが示された。これらの性格特性が高い人は全体的に、他の恋愛関係にある相手の略奪に成功することも、自分のパートナーが略奪されることも、自分自身が略奪されることも経験する傾向があったのである。

ダーク・トライアドが相手との関係を維持しようとする行動に関連するにもかかわらず、

略奪愛の傾向にも関係するということの結果は、どのように考えたらよいのだろうか。略奪愛傾向に関連していたナルシシズムとサイコパシーは、パートナー保持行動のうち、特に付き合っている相手が浮気の可能性があるときに激しく怒りをあらわにしたり相手を責めたりする傾向や、パートナーに近づいてくる異性に対して冷たい態度をとる傾向など、攻撃的で自分の地位を誇示するような行動に関連していた。全体的に、相手を搾取して自分の都合のよいように扱おうとする傾向が見て取れる。そして、このような行動に結びつくダーク・トライアド傾向の高い人物は、実際にパートナーに去られてしまう確率も高くなるようである。やはり、ダーク・トライアドのような性格の持ち主は、長期的な付き合い方にはあまり向いていないようである。

運命の人と出会う

相性占いの大きな目的のひとつは、「運命の人と出会うことができるのでは」という期待にあるのではないだろうか。自分にぴったりの相手と出会って、生涯を幸せに暮らしていきたい。そのような希望をもつ気持ちは、わからなくもない。

そして、「性格が似たもの同士がカップルになる」「性格が似たカップルは満足感が高く、関係が長続きしやすい」といった研究結果を知ると、やはり自分と似た性格をもつ相手が運命の人に違いないと考えたくなるものである。

しかし、性格は変わっていくものである。そして、恋愛関係でも結婚でも、人生において大きなイベントがあると、性格特性は変化していく。実際に、恋愛を経験したり結婚したりすると、神経症傾向が低下し、外向性が上昇するという結果が報告されている。[*106] ただし、その変化は大きなものとは言えないのだが。

そして、結婚して過ごす期間が長くなると互いに性格が似るのか、そもそも似た相手を選択するのかという点も大きな問題である。1000組以上の結婚したカップルの研究によると、[*107] 性格特性の類似性は結婚後の期間とはほとんど関係がないという結果になっている。つまり、長い間一緒に暮らしているから性格が似てくるという証拠はないのである。それよりも、おそらく最初から似た相手を選択する傾向が少しだけあるのだろう。

「運命の人と出会う」という考え方は、関係が固定化されていることを意味する。パズルのピースがぴったりと合うように最初からすべてがうまくいき、そこに何の努力の必要もないかのように思わせる魅力がある。しかし実際には、性格が似ているからといって、ふたりの関係がすべてうまくいくということはない。ふたりの間の関係性は徐々に変わっていくものである。そして、その関係性は、互いに作り上げていくものである。

どのような関係性であっても、互いに歩み寄り、お互いを尊重し、相手のことを心配し、問題解決の道を探し、将来について話し合うことが大切なことに変わりはない。決して、性格が似ていることですべてがうまくいくとは考えないほうがよいだろう。

第5章　好印象を与え、仕事がうまくいく性格とは——性格と生活

1　部屋や顔でどこまでわかるか

指導教官の思い出

本当かどうかはわからないが、すでに亡くなった私の大学、大学院時代の指導教官は、毎日自宅から大学まで徒歩何分で到着するかを測っていたそうである。学生時代、そんな話を耳にしたことがある。その話を聞いたとき、特に違和感を覚えなかったのは、私の指導教官ならそれもありうるだろうなと思ったからである。

博士号の学位論文の内容を確認してもらう際、指導教官は重い病気のため入院中だった。

ある夜、「携帯電話に電話しますので電話番号を教えてください」と指導教官からメールが届き、しばらくして携帯電話が鳴った。「これから話が終わるまで45分ほどかかりますので、博士論文を用意してもらえますか」と言われたので、プリントアウトして仮とじした博士論文とペンを手元に用意し、電話越しに指導教官の指導を受けた。「15ページ目を見てもらえますか。そこに書かれているこの文章は……」と、次々に修正するべきポイントが指摘されていく。私はペンで指摘を書き込み、目印に付箋《ふせん》をはりつけながらまた次のページをめくっていった。指摘される内容は本当に細かく、英単語の誤字脱字や、引用文献のミスにまで及んだ。「この引用文献の論文タイトルは意味が通りませんね。何かひとつ、単語が抜けていると思うのですが」……闘病中にもかかわらず、こんな細かいところまで目を通していることに恐縮し、冷や汗が出てきた記憶がある。そして、「これで一通り終わりました」と電話越しの指導教官が発したときには、本当にほぼ45分ぴったりの時間が経過していた。リハーサルでもしたのだろうかと驚いたことが、強く印象に残っている。

そんな指導教官でもうひとつ強く印象に残っているのが、研究室の様子であった。

さて、このような人となりからどんな研究室の様子を想像するだろうか。

研究室の雰囲気と研究者の性格

大学の研究室を訪れたことはあるだろうか。大学や建物によって広さが異なるものの、ひとつの建物の中にある大学教員の研究室はおおよそ同じくらいの広さの空間で、同じような本棚に机と椅子、簡単な応接セットやテーブルといった同じようなレイアウトの部屋が並んでいるものである。にもかかわらず、そこには使っている大学教員の個性が反映されている。

ある教員の部屋に入ると、本棚には大きさが揃《そろ》えられた書籍が整然と並び、作業をするデスクの周りにはコンピュータとコーヒーカップに作業中の書類が置いてあるだけである。とても作業しやすそうな、シンプルで清潔な部屋という印象を受ける。

また別の部屋に入ると、本棚から本があふれて床にも積まれており、デスクの周りだけでなくテーブルの上にも教授会や教室会議で配布された資料が散乱している。ところが本人は「汚くて申し訳ありませんね」などと言いながらも、それを気にする様子もなく片づけるそぶりも見せず、淡々と日々の業務や研究活動をその部屋で送っている。

研究室によって、デスク周りに観葉植物があったり、どこか海外で手に入れたのか他では見かけない不思議なグッズが置かれていたり、学生からもらった色紙が飾ってあったり、壁に絵が飾られていたり……もとはほとんど同じレイアウトの部屋であるにもかかわらず、使う人によってずいぶんと雰囲気が変わるものだと感じる。

それぞれの研究者たちの性格は、使っている研究室の雰囲気に反映するのだろうか。またどのようにしたら、その関連を明らかにできるのだろうか。

この問題に取り組んだ研究者が、テキサス大学の心理学者ゴズリングである。[*108] この研究を進めるためには、次の3つの情報を手に入れる必要がある。

第1に、その部屋を使っている本人が回答した性格特性の得点である。

第2に、その部屋の中にあるものが何であるかとか、どのような印象であるかという情報である。

そして第3に、その部屋を見て複数の人が抱く、部屋を使っている人の性格の印象である。

そもそも、複数の人々は部屋を見ただけで、使用者の性格について同じような印象を抱くものなのだろうか。また、本人が回答した性格特性の得点と、部屋を見ただけで印象として生じた性格とは、どれくらい関連するものなのだろうか。そして、もしも使用者本人の性格と観察した結果の性格の印象が関連するならば、部屋の中にある何が手掛かりとなって印象が伝わるのだろうか。

本人の性格、部屋の様子、部屋を見て推測された使用者の性格という3つの情報を手に入れることで、こういった問題を明らかにできるのである。

ゴズリングはまず、５つの会社のオフィスの中にある、個人が使用している94の区画を対象に調査を行った。日本のオフィスとは異なり、デスク周りがパーティションで区切られており、個人が比較的自由に使うことができるスペースを想像するとよいだろう。それぞれのデスクを８人の観察者が訪問し、デスク周りにあるものやその印象、そして使用者の性格を評定する。また、使用者自身の性格については、本人が回答するとともに２名の知人にも回答してもらい、総合した得点を算出している。

また次の研究では、大学生たちが暮らしている部屋のベッドルームを対象にして、同じような情報を得ている。アメリカの大学の学生たちは、部屋を複数の人々でシェアしながら暮らしているケースが多い。そして、ベッドルームの周りだけは自分の好きなように使うことができる。おそらく、それぞれの学生の特徴は、プライベートな空間であるベッドの周りに表れることだろう。そこで、78人の学生のベッドルームをそれぞれ７人の観察者が訪問し、ベッドの周りにあるものやその印象をもとにベッドの使用者の性格を評定する。そして、そのベッドの使用者本人の性格については自分で回答した性格特性の得点と、友人２人に評定してもらった性格特性を合わせて総合的な得点を算出している。

性格は部屋に表れる

さてこの研究では、複数の人がそれぞれオフィスやベッドルームに赴いて、別々に部屋の印象や使用者の性格を評価している。いったい、その複数の人々の印象は共通するものなのだろうか。

分析結果を見ると、オフィスを見た場合でもベッドルームを見た場合でも、ビッグ・ファイブのうち開放性、勤勉性、外向性の3つについては、複数の観察者が評定した持ち主の性格の印象がおおよそ一致する傾向があった。オフィスのデスク周りやベッドの周りを見ただけで、見た人たちの間には、使用者がどれくらい好奇心旺盛か、どれくらいまじめか、どれくらい活発かという共通したイメージが形成されたことになる。本人と会ってもいないのに、部屋の様子を見ただけで、その様子から共通したイメージが喚起されるのである。

複数の観察者による使用者の性格の印象や評価には共通性があるということだが、では、デスクやベッドの使用者の性格が、それらを観察しただけの人に本当に正確に伝わるのだろうか。この点を検討してみると、やはり開放性、勤勉性、外向性については、それほど関係は強くないものの、使用者の性格が部屋を観察しただけの人に伝わる傾向にあった。特に開放性と勤勉性は、よりはっきりと伝わるようである。それは、オフィスでもベッドルームでも同じである。まるで、シャーロック・ホームズが犯人の部屋を観察して、その犯人の人となりを当てる場面を想起させるような研究ではないだろうか。

では、部屋の中のどのような要素が、使用者の性格と観察者の性格イメージとの間をつなぐのだろうか。

たとえば、使用者の勤勉性が高いと、そのデスクやベッド周りの雰囲気はきれいで片づいており、整頓されていて、本やものが整った状態になっている傾向がある。そして、その様子を見た人は、その使用者の勤勉性が高いだろうと推測するようである。

また、使用者の開放性が高いと、そのデスクやベッド周りの雰囲気はちょっとほかにはない独特なものになる傾向があり、型破りなデザインのものが置かれ、いろいろなジャンルの本や雑誌が置かれる傾向があるという。そして、その様子を見た人は、この部屋を使う人は開放性が高そうだと推測する。

外れることも多い

ただし、デスクやベッド周りを見て「この人はこういう性格だろうな」と思ったとしても、その推測が外れるケースが非常に多いことも、この研究で明らかにされている。

たとえば、オフィスのデスク周りがカラフルに彩られていると、その様子を見た人は「このデスクを使っている人は外向的で開放的な人なのだろうな」と推測しがちになる。ところが、実際の使用者を見てみると、どの性格もカラフルさには影響を与えていなかった。

また、デスク周りやベッドの周りに高価そうなものが置いてあると、その様子を見た人は「ここを使っている人はまじめできっちりしていそうだ」という印象を抱くようである。ところが、実際には、使用者の性格とは関連が示されなかった。

このことは、部屋のデザインやレイアウト、飾るものや飾り方を工夫することで、その部屋を見た人に対して特定のイメージを抱かせうることを意味している。またこの研究結果は、演劇や小説、アニメなどで登場人物の部屋のイメージを作り上げることにも役立ちそうである。

指導教官の研究室

ちなみに私の指導教官の研究室であるが、ここまでの話を読んで、どのような部屋だと想像しただろうか。

これは、私が指導教官に、書類のサインをもらいに行くときの典型的な風景である。

まず研究室の扉をノックし、扉を内向きに開けようとする。しかし、途中で何かに引っかかって全開にはならない。身体を横に向けながら部屋の中に滑り込ませると、左側にはテーブルがあり、その上には書類が山積みになっている。下のほうの書類は、もう何十年前のものかもわからない。左右に本棚があるのだが、その本棚からは本が至るところにあふれて置かれている。さらに床の上には、いつの時代の何が入っているのか、複数の段ボール箱が置かれている。もしかしたら、この指導教官がこの大学に赴任してからずっと置かれているのかもしれない。私は物にあふれた部屋の中で、物と物との間を通る細い通路をすり抜けて、やっと指導教官がいる部屋の奥のパソコンの前にまでたどりつき、書類にサインと押印をしてもらう。

今でも思い出すことができる研究室は、こんな様子だった。

「あんなに細かいところまで論文の指摘をする先生なのに？」また「毎日家から大学まで歩く時間を測定するような人なのに？」……そうなのである。

おそらく、そのきっちりしているように見える行動は、先ほどの部屋の様子から想像されるように、勤勉性の高さからくるものではないのだろう。指導教官と同じような面は、私にもある。私もそうなのだが、指導教官もきっと、それほど勤勉性の性格特性が高いわけではなかったのだろう。私も気を抜くと、本棚がどんどん乱雑になってしまう傾向がある。私たちは勤勉性が高い人のように、本棚の状態に注意を向け、完璧に整理しようとは思わないのである。

もちろん指導教官も私も、大部分の仕事はちゃんと期限内にこなしているように見える。しかしそれは、勤勉性が高いことから来る行動ではない。むしろ、神経症傾向が高く不安が強いことからくる行動だと自分自身では分析している。

頼まれた仕事の締め切りはできるだけ守ろうとする。そのためには、できるだけ早くその仕事に手をつけようとする。しかし、それはきっちりと目標を立てて完成までの行程を事前に想定するからではない。むしろ、「締め切りが近づくと不安だから」という動機づけによって駆り立てられているからだ、といったほうが近い。だから、締め切りギリギリになるまでレポート課題に手をつけない学生の姿を見ると、その様子が信じられない。むしろ「よくそんなギリギリになるまで我慢できるものだ」と、感心してしまう。

勤勉性の高さに基づいて計画を立ててきっちりと仕事をこなすことも、神経症傾向が強く「早く仕事をこなさないと不安だ」という動機づけによって課題の締め切りを守ることも、その行動だけを客観的に見れば、同じ結果をもたらしている。しかし、背後にある動機づけは大きく異なる。それは、その人物の別の行動についてもあわせて見ていくことによって、初めて理解できることではないだろうか。

一瞬の中に見る性格

自分の何気ない振る舞いの中に、性格は表れるものなのだろうか。たとえば、大学の講義室に教員が入ってくる。授業が始まり、何分くらいで「この先生はこんな性格だろうな」という印象が形成されるのだろうか。

ドイツの心理学者ペーター・ボルケナウたちは、1分少々の自己紹介、2分弱のジョークを言う場面、3分弱の誰かを紹介する様子、1分程度の歌を歌う場面など、15のシチュエーションでの行動を録画した映像を見せて、どれくらい性格を推測できるかを検討している。[*109]

その結果、動画を見た人たちは、ある程度同じような評価をする傾向にあり、その評価は動画に映っている本人の性格と関連する傾向にあった。つまり、ほんの数分間の動画を見ただけでも、そこに映っている人の性格はある程度の範囲で推測できるということが示されたのである。

さらに、15のシチュエーションのうちおおよそ5つか6つの場面を見たところで推測の正確さは頭打ちになり、それ以降は動画を見てもあまり正確にならないことも示された。動画によって長さは異なるものの、どうやらほんの10分も経たないうちに性格の印象は形成されてしまい、それ以降は動画を見続けてもあまり変化しないようなのである。ボルケナウたちは、この一瞬の情報のことを、行動の薄切り（thin-slice of behavior）と呼んでいる。さらに、行動の薄切りは薄ければ薄いほど、つまり短い時間で曖昧な情報であるほど、人々は共通のイメージを抱きやすくなるようである。考えてみれば、私たちが誰かを見て「この人はこうだろう」と推測するときには、薄切りされた情報に基づいていることが多い。この研究は、その薄切り情報でもある程度は正しい判断がなされる可能性があることを示している。

ちなみに、動画を見ていちばんうまく推測できそうなのは、外向性の性格特性である。部屋の様子を見て推測できたのは勤勉性や開放性であったが、動画に映っている本人の様子を見た場合には、どうやら外向性がうまく推測できるようである。

顔で予測

人間の顔には何か、他の情報とは異なる特別な印象をもたらす効果があるのだろうか。顔がもたらす印象はとても強く、私たちは半ば自動的に顔を見ていろいろなことを判定してしまうようである。

行動の薄切り研究を行ったボルケナウは別の研究で、メガネをかけることと性格との関連についても検討している。[110]その研究結果によると、メガネをかけることは内向的な性格に関連しており、そして実際に、メガネをかける人物は内向的に見られるそうである。ただしこれは今から30年近く前にドイツで行われた研究である。当時よりもオシャレなメガネが多くなった現在の日本で検討すると、もしかしたら違う結果になるかもしれないが、それでも顔にメガネをかけているだけで、本人の性格が伝わってしまうのだろうか。

あなたの目の前のコンピュータスクリーン上、左右に2枚のモノクロの顔写真が示される。そして、顔だけを見て「どちらの人物のほうが高い能力をもつと思うか」を判断させる。顔は次々と表示されるので、あなたはパッと顔を見て右か左かを判定していく。実はこの左右に並んだ顔写真は、アメリカの各州で選挙を戦った上院議員の立候補者たちである。あなたは顔を見て能力が高そうだと思ったほうを選択しただけなのだが、実際の選挙結果を予測できるだろうか。このような実験を行った研究によると、およそ7割の確率で顔だけを見て選挙結果を予測できるそうである。[111]しかも、顔写真を示す時間を1秒以下にしても、6割以上の確率で当選者を当てることができる。私たちは一瞬のうちに顔で判断していることがわかる研究結果であると同時に、もしかしたら私たちは投票する際にも、候補者の顔を見て選んでいるのかもしれない。

写真が物語るもの

外見に基づいてどのような性格の判断が行われるかに注目した研究もある。*112 この研究では、実験の参加者が自分自身の性格を評定し、知り合い3名にも性格を評定してもらう。次に、直立した姿勢と自由な体勢で2枚の写真を撮影する。そして、実験の参加者のことを知らない第三者が、写真の印象だけから性格を評定するということが試みられている。果たして、写真を見ただけで、そこに写っている本人の性格は伝わるのだろうか。

結果から、写真を介してよく伝わる性格特性は外向性と開放性であった。特に外向性は、写真を介してもっともよく伝わる性格特性のようである。

では、写真の何を介して、本人の外向性が第三者に伝わるのだろうか。外向的な人物は、健康的でエネルギッシュな雰囲気で、そして大きな笑顔で写真に収まる傾向があるようである。そして、その写真を見た第三者は、そこに写っている人を「外向的だ」と判断する傾向がある。

特に笑顔の大きさは、その人物の印象を大きく左右するようである。笑顔に関連するのは外向性だけではなく、協調性が高い人も写真の中で笑顔を示しやすい。その一方で、笑顔が大きな人物の写真を見たときに私たちは、外向的で協調的ということのほかにも勤勉で開放的で情緒安定的といったように、さらに好ましい印象をその人物の中に見てしまうようである。他の人に良い印象を与えるいちばんの方法は、笑顔なのかもしれない。

写真に写った笑顔の大きさについては、もうひとつとても興味深い研究がある。[*113] この研究では、何年（何十年）も前に大学を卒業した、もと学生たちの卒業アルバムの写真が分析されている。それぞれの卒業アルバムの写真について、複数の学生たちが「どれくらい笑顔が大きいか」を評価することで、それぞれの写真の笑顔の大きさを得点化する。そして、その学生時代の卒業写真の笑顔の大きさと、これまでに離婚した経験があるかどうかとの関連を検討した。すると、離婚経験がない人のほうが、離婚経験がある人よりも、卒業写真の笑顔が大きい傾向にあることが示されたのである。これは、男性でも女性でも同じであった。また別の高齢者たちに子どもの頃の写真を持ってきてもらい、離婚経験があるかどうかを尋ねる調査も行われている。結果はやはり、子どもの頃の写真に笑顔が多い人のほうが、離婚経験が少ない傾向にあった。

笑顔には、本人の性格特性としては外向性や協調性の高さが反映するのかもしれないが、それ以上に他の人々にとても良い印象を与える効果がある。笑顔のポジティブさは、当然家族にも夫婦関係にも良い影響を与えるだろう。

自撮り写真

FacebookやTwitter、インスタグラムなどSNSに自撮り写真を投稿する人は、ナルシスティックな傾向があるのだろうか。ポーランドの研究者たちが行った調査によれば、たしかにそのような関連がありそうである。[*114]

ナルシシズムの傾向が高い人は、自分ひとりの自撮り写真も、恋愛相手との自撮り写真も、グループでの自撮り写真も、とにかく自分が写っている写真をSNSに投稿しがちだという。ただしその関連は女性よりも男性のほうにより多く見られるという結果だった。もしかしたら自撮り写真を投稿する動機づけが男女で異なっているのかもしれない。男性は比較的、賞賛を求めたり虚栄心を示したり、他の人々に優越するという動機で自撮り写真を投稿するのに対し、女性はつながりを重視して投稿するという傾向はないだろうか。

ＳＮＳを使う人の性格

ＳＮＳを使う傾向そのものに、性格は関係するのだろうか。過去の研究結果を統合するメタ分析によって、その関連を検討した研究がある。[115]

その研究結果によれば、やはりさまざまなＳＮＳの活動にもっとも関連していたのは、外向性であった。外向性は、特にＳＮＳ上で友人とつながることや相互交流を行うこと、そして写真を投稿することに関連している。また、ゲームに関連するＳＮＳの活動（ＳＮＳ上のゲームや、ゲームを介したやりとり）や、ＳＮＳ上で情報探索をする行動に関連していたのは開放性であった。

この外向性と開放性はともに、報酬を積極的に得ようとする活動に関連する。外向性の高さはより強くポジティブな刺激を得ることに動機づけられる傾向がある。そのことが、ひとりで家の中にいるよりも外出して多くの人と交流し、より刺激を求めてさまざまな場所へと動いていくような行動を生み出すと考えられる。また開放性は、新しいものや情報を知りたい、経験したいという好奇心に動機づけられる行動につながる。

ＳＮＳはソーシャルネットワークという言葉の意味からして、人と人とをつなげるシステムである。しかしそのネットワーク上での活動は、緩やかな人と人とのつながりそのものというよりも、情報のやりとりを介して刺激を求める活動が中心になっているのではないだろうか。ネットの世界は、安定した変化が少ない状態が続くのではなく、日々新しい情報が飛び交い、今この時も拡大し続けている世界である。SNSにつながることで、日々何か新しいことに接することができる、そのような動機づけが人々をSNSに向かわせると言えるかもしれない。このように私たちが普段何気なく行っていることの背景を考えると、そこには多くの意味があることに気づく。

2 「成功する性格」はあるのか

学校の成績を高める性格

現実の世界に目を向けてみよう。社会の中で「より良い結果」とは、何を指すのだろうか。生徒たちにとってそれは学校の成績であり、大学生にとっては成績評価値であるGPA（Grade Point Average）の高さが、「良い結果」であると言えるだろうか。

オーストラリアの心理学者アーサー・ポロパットは、性格と学業成績との関係をメタ分析で検討している。[*116] 学業成績は全体的にビッグ・ファイブの中でも勤勉性と強く関連しており、その関連の強さは知能と学業成績との関連の強さと同じくらいだった。歴史的経緯をひもとくと、もともと知能検査は小学校に入学する前に、授業についていけない子どもたちを選んで特別な教育を施すためのスクリーニングを目的として開発された検査である。したがって、知能検査の結果が学業成績を予測するのは当然だと言えるだろう。それに対して勤勉性の性格特性は、特に学業成績を予測するために考え出された概念ではない。であるにもかかわらず、知能と同じくらい学業成績に関連するというのは、とても興味深い現象だと言えるだろう。

また、さらに詳しく検討すると、小学校から高等教育へと教育段階が進んでいくにつれて、性格と学業成績との関連は次第に小さくなっていく様子が示された。子どもの頃は性格が比較的そのまま成績に反映するのに対して、高校、大学と進んでいくと学校や家庭の状況、友人関係などそれ以外の要素が増えていくため、関連が弱くなると考えられる。

そのような状況の中でも、全体的に安定して学業成績に関連していたのは、勤勉性の性格特性だった。規律を守って目標を設定し、その目標に向かって進んでいくような行動上の特徴が、成績に結びつくようである。

仕事でうまくいく性格

学校を出て仕事をしはじめると、職場で評価されることが社会の中で「より良い結果」に結びつくひとつの要因になる。仕事上での成功は社会的地位を上げ、収入を増やし、なんといっても充実感や満足感をもたらしてくれる、重要な活動のひとつである。では、このような結果にも、性格は関連するのだろうか。

就活生にとって就職活動の中でもっとも重視される項目は、コミュニケーション能力だとされる。就活の中で言われるコミュニケーション能力が、何を意味しているのかについてはよくわからない面があるものの、多くの人々のイメージをビッグ・ファイブの性格特性に当てはめると、外向性や協調性だと言えるのではないだろうか。

では、実際にはどうなのかを見てみよう。性格特性と職業上の成功との関連について、メタ分析で検討した研究がある。[*117] その研究結果によると、ビッグ・ファイブの性格特性の中でどのような職業にも共通して、職業上のパフォーマンスに安定して関連していたのは、勤勉性であった。訓練でうまく技能が向上していくこと、人事上の評価の高さにも、また仕事上の生産性にも、そして収入の多さにも、関連の程度は強くないものの、安定して関連していたのが勤勉性なのである。

外向性や協調性のような、いわゆるコミュ力に関連しそうな性格特性は、それほど職業上のパフォーマンスの高さを予測するわけではなさそうである。もちろん、チームとしてともに業務を遂行していく上で、互いに円滑なコミュニケーションをとることは必要不可欠な要素である。ところが研究結果を見るとそれよりも、目標を立て、その目標に向かって計画を立案し、実際に意欲をもって遂行していく、そのような行動につながる勤勉性が、おおよそどのような職業でもそれなりにうまくやっていくために必要な特性であるように見える。

長生きする性格

先に、百寿者の性格特性の特徴が開放性にあるという研究を紹介した。100歳を超えるまでにはいかないものの、より長生きにつながるような性格はあるのだろうか。

アメリカの心理学者ハワード・フリードマンらは、子どもの頃のある性格特性が後の寿命に影響を与えることを明らかにしたことで知られている。[*118] この研究で調査の対象になっているのは、1920年代に行われた調査に参加した平均11歳の子どもたちである。この子どもたちは1986年まで追跡調査が行われており、調査に参加していた約1200人のうち約

6割がまだ生存していた。

このような長期的な調査を行うことによって、子どもの頃の性格特性が、長期にわたってどのような影響を及ぼしていくのかが明らかにされる。そして分析によって明らかにされたことは、男性でも女性も、子どもの頃の勤勉性が高い者のほうが低い者よりも、大人になってからの生存率が高いということであった。

さらに、ビッグ・ファイブよりも細かい性格特性について死亡リスクとの関係を検討した研究もある。[*119] その結果によると、神経症傾向の下位側面である傷つきやすさや、外向性の下位側面である活動性も低い死亡率に関連していた。そして勤勉性については、ほとんどの下位側面が低い死亡率に関連していたという。やはり、この性格特性は全体的に、少しだけではあるものの確実に死亡リスクを引き下げるような効果をもつようである。

勤勉性が高い人のほうが低い人よりも少しだけ長生きすることについては、勤勉性の高さがさまざまな「健康に良さそうな」行動に関連するという研究知見にその理由を求めることができそうである。[*120] 勤勉性の高さは、過度な飲酒をしないこと、違法な薬物を使用しないこと、不健康な食生活を避けること、危険な運転行為をしないこと、危険な性交渉をしない傾向、そして喫煙率も低く、暴力行為も少ないことなどが明らかにされている。このような、自分自身を抑制するような生活スタイルが日々の生活の中で積もり積もっていくことによって、勤勉性の高い人は低い人に比べて少しだけ、長生きをすることにつながるようなのである。

勤勉性は無理をすることではない

ここまで見てくると、学校の成績も良く仕事もうまくいきそうで、収入も多く長生きもできそうな勤勉性を高めることが、人生にとってとても良いことのように思えてくる。

授業の中で「勤勉性が人生で良い結果をもたらす可能性がある」という話をすると、「勤勉性の高い人は毎日の生活の中で我慢をして無理をしているのだから、むしろ早く死んでしまいそう」という感想をもつ学生もいる。

しかし実際には、そうではない。勤勉性の高い人は、そのような自己を律するような行動を日々の生活の中で行うことが「心地よい」からそのようなことをしているのであって、決して無理をしているわけではない。今ここで泥酔してしまって明日の仕事に支障が生じるくらいなら早く家に帰ってゆっくりと休んで明日に備えたい、そのように考えるのが勤勉性の高い人々の特徴なのである。

性格を変えたい

では、自分をそのような性格に変えていくことはできるのだろうか。もしも自分が望むような性格になることができるなら、良いことではないだろうか。しかし、性格を変えようと試みることこそ、無理をすることにつながるかもしれない。

実際に、性格は自分が望むように変えることができるのだろうか。

次のようなエクササイズを想像してみよう。*121

まず、自分が変えたいと思う性格特性を指定する。そして、変えたい方向も考えておこう。たとえば「外向性を高くする」「神経症傾向を低くする」といった具合にである。

次に、その性格特性につながるような挑戦の内容を考える。なおここでは、大学生が自分の性格を変えるために挑戦を重ねることを想定する。

もしも外向性を高めたいと思うのなら、「お店のレジでは必ず店員さんに声をかける」とか「会ったことがない人に話しかける」といった挑戦はどうだろうか。また、もしも協調性を高めたいと思うのであれば、「見知らぬ人に1日1回必ず微笑みかける」とか「何かしてもらったら必ずありがとうと言う」とか、あるいは「扉やエレベーターのドアを開けて待つ」という行動でもよいだろう。勤勉性を高めたいと思うのなら、「作業中は絶対にスマホの画面を見ない」という、自己制御を課してみてはどうだろうか。情緒安定性を高めたいと思うのなら、「毎朝起きたときに、今日も良いことが起きると大きな声で言う」という挑戦はどうだろう。そして開放性を高めたいなら、「毎日必ずひとつ、海外のニュースを読む」という挑戦でもよいだろう。

自分が決めた性格特性についての挑戦のうち、できそうなことをまずは課してみるのがよい。そして、それを毎日あるいは毎週何回やるかを決め、実行していこう。できれば、その挑戦がうまく進んでいるかどうかを、誰か他の人にチェックしてもらうといいだろう。

そして1週間、予定どおりに実行できたら、次はもう少し難しい挑戦をしていく。たとえば外向性を高めたくて最初の1週間にお店のレジで声をかけることに成功したのであれば、次は「お店のレジで最近の調子はどうかを尋ねる」というのが次のレベルの挑戦になる。これもうまくいけば、次のレベルは「レストランやバーに行って店員さんと会話をする」になる。これもクリアすれば、次は「講義室で手を挙げて発言する」というのはどうだろうか。これもクリアできれば、翌週は「初対面の人に話しかけて、いくつか質問する」という挑戦へとレベルアップしていく。こうして挑戦のレベルが上がっていき、いちばんレベルの高い挑戦は「大学の中で、ゲームでも趣味でも何でもいいのでイベントを企画して人を集める」という内容になる。

さて、このような挑戦を実際に学生にさせた研究によると、毎週ふたつの挑戦をクリアしていった学生は、3カ月後には実際にそれぞれの性格特性の得点が大きく変化していった。その一方で、「挑戦してみる」と言いながらも表面的に課題をこなすだけだった学生は、性格特性の得点がほとんど変化しなかった。実際に変化を起こすためには、ただ「性格を変えたい」と思うだけでなく、実際に行動そのものを大きく変えていく必要があることを、この研究結果は示している。

性格は、実際に変わる可能性がある。ただし、身体を鍛えて体重を減らすダイエットにも継続的な生活の変化が必要なように、性格を変えようと思えばそれなりに大きな努力が必要なのである。読者の皆さんなら、どのような挑戦をしていくだろうか。

しかしその前に、少しだけ立ち止まって考えてみてほしい。本当に自分の性格を変えなければいけないのだろうか。性格は、それまでの人生によって培われた、自分だけがもつ独自の特徴である。人生の中で自分の性格とうまくつき合っていくには、どうすればいいのだろうか。

終章　より良く生きるための自己分析

性格と人生

性格を考えることは、私たちの人生に深くかかわってくる問題である。

それは、私たちがどのように成長していくのか、その中で誰とかかわるのかという問題にも関係する。生まれたときから気質が見られ、環境との組み合わせの中で徐々に性格自体が変化しつつ、人生の経路が左右されていく可能性がある。私たちが誰かと親密な付き合いをし、結婚し、子育てをし、老いていくプロセスの中でも性格はかかわってくる。もちろんその影響は決定的ではないものの、無視できるほど小さいわけでもない。

また、どこに住むかということにも、性格がかかわっていく。私たちは生活している環境から何かしら影響を受け、逆にまた私たちは環境に影響を与えていく。ある性格の人々が特定の地域に集中していくことによって、その地域に独特の雰囲気が生まれ、さらにその雰囲気が特定の性格の持ち主に魅力的に映るようになる。このような性格の集積とも言える状況は、その地域の社会的な特徴にも関連していく。

より身近な身の回りの環境についても、性格がかかわってくる。私たちは日々数え切れないほどの選択をしながら生活しており、その選択には個性が反映する。それは部屋の使い方から写真の撮り方、インターネット上の振る舞い方にまで及ぶ。

だからこそ、私たちはそこに何があるのかを知りたいと思うようになる。

自己分析は大変だ

インターネット上を検索すれば、あらゆる種類の心理検査、心理ゲーム、自己分析ツールへのリンクが手に入る。

学生が就職活動を行う際にも「自己分析」をすることが促される。就職活動の中で就職適性検査や性格検査を受け、自分の性格についてあれこれと考えさせられるような機会もある。

またそれにとどまらず、小学生の頃から機会あるごとに、自分とはどのような人間であるのか、何に興味をもっているのか、どのような方向に将来の進路を進めていきたいのかを尋ねられる。

「将来は何がしたい？」「進路についてどう考えている？」「どうしてそう考えるの？」……今の時代を生きる子どもたちは、こういったことを考えさせられる機会が本当に多くなっている。

大人の側は、特に何か考えがあってそう尋ねているのだろうか。単に、大人にとって望ましそうな回答を期待して、子どもに尋ねているだけではないだろうか。「その職業に就くのはなかなか難しいよね」「それは無理なんじゃないかな」「もっと安定した職業があると思うよ」「苦労するんじゃないかな」……子どもが出してくる「自分はこれがしたい」に対して、私たち大人の側が用意している答えは、どういうものなのだろうか。

自分のことを考えるという行為は、つらいことでもある。

自分の姿を見るのがあまり好きではない人、というのは一定数いる。私自身も昔からそうで、自分の声を録音した音声や、自分の姿が撮られた写真や動画をまじまじと見るのは、どうも苦手である。声についても同じことが言える。自分で自分の声を聞くときには身体を介した音声を聞いているので、自分の声を普段客観的に耳にすることはできない。録音した声を聞くと、どうしても違和感を覚えるのはそのためである。

鏡を見たり、カメラがこちらを向いていたり、録音した自分の声を聞いたり、自分の姿を録画した映像を見たりすると、自分自身に意識が向かう。すると、理想的な自分の姿と現実的な自分の姿の両方を認識する機会が生じる。そして、その理想と現実のズレの大きさに直面することになる。すると、落ち込んだり自己嫌悪感を抱いたりすることにつながりやすい。[*122]

自己分析を行う際にも、これと同じことが生じる。自己分析は否応なく、自分に向き合わなければならない。そして自己分析をすることは、自分の長所を認識するだけでなく、普段は気にもとめていない、いやむしろあえて気にしていない短所にも目を向けなければならない機会となる。自己分析をすると気分が落ち込む人が一定数いるのは、当たり前の現象だと言える。

性格は多面的なもの

自己分析をして、あなたが自分の性格を知ったとしよう。信頼性と妥当性が十分に確認されている性格検査があるとして（そういう検査がいくらでもあるわけではないが、存在しないわけではない）、その検査を受けることができたとしよう。そして、何らかの結果が出る。あなたはその知識を、何に使うのだろうか。

結果に示された文章を見て、「へえ、自分はこういう性格なのか」と納得して終わりにする人も多いだろう。しかし、もっとその情報をうまく活用する方法はないのだろうか。

性格を知ることは、自分自身がより良く生きていくためのヒントにつながる。それは単に「自分はこういう性格だから、こういうことをしがち」だとか「自分はこういう性格だから、こういう性格に向いている」とか、「こういう性格だったら成功しやすいのに」などという、一対一の対応という問題ではない。

どのような性格特性であっても、多面的な特徴をもっている。

たとえばある性格は、他の性格特性や心理的状態との組み合わせによって、まったく違う結果を生み出す可能性を秘めている。たとえば、ビッグ・ファイブのうち勤勉性は、学業成績にも仕事のパフォーマンスにも、寿命の長さにまで関連する、それをもつだけで何でもできそうな性格特性に思える。しかし、勤勉性の高さが神経症傾向の高さと共存すると、それは完全主義につながる。完全主義とは、高い目標を抱いてその目標を達成しようと試み、少しても目標を達成できないとすべてが失敗だと考える傾向のことを指す。

そして、その高い目標が常に達成できるわけではないという点に、完全主義の大きな問題がある。周りの人々が自分の高い目標の達成をサポートしてくれるような恵まれた環境に身を置いていれば、周りの人々は大変だろうが本人に大きな問題は生じないだろう。しかし、時に高い目標は現実離れしたものとなり、また実際の生活の中では不確実な要素も多くなるため、どれだけ達成しようとしてもできない場合がある。しかし完全主義はそれを許さず、他の人から見たらそれほど大きな失敗に見えないにもかかわらず、本人はそれをすべて失敗だとみなす傾向がある。すると、落ち込みや抑うつ、自己嫌悪といったあまり好ましくない結果へとつながっていく。

ちなみに、完全主義を完璧主義と表現する場合もある。しかし、完璧という言葉は中国の故事に由来し、欠点がなく立派なことを指す。Perfectionism は完全であるために好ましくない結果に結びつく可能性がある性格特性であるため、日本語で表現する際には欠点がなく立派だという意味をもつ完璧よりも、立派だというニュアンスをあまりもたない完全という言葉を使ったほうがよいように思う。

いずれにしても、単独で考えれば好ましい性格特性である勤勉性も、他の性格特性や状況との兼ね合い次第で、好ましくない結果へとつながってしまうのである。だから、たとえ自己分析によって自分の性格を知ったとしても、それをうまく活かしていくことが大切である。

性格を逆手にとる

毎日何かを続けるには、どのような性格特性をもつのがよいのだろうか。

たとえば、粘り強く最後まで目標に向かってやり抜こうとする性格特性であるグリット(grit)が高い人であれば、きっと毎日の目標に対してしっかりと取り組み、その試みは長い間続いていくことだろう。もしかしたら、その活動をする中でさらに難易度の高い目標を立てて、チャレンジしていく様子が見られるかもしれない。

では、あまりグリットが高くなく、注意があちこちに散ってしまうような人の場合はどうだろうか。そういう人物は課題に集中して、計画的に段階を踏んで作業を行っていくことは苦手そうである。スマホの通知が画面に表示されてつい手にとったり、本棚を見るとすぐに「あの本、面白かったな」と手が伸びてしまったり、ちょっとしたことで注意がそれてしまうということが、このような人の行動としてありがちである。しかし、このような人でも、課題を達成することで得られる報酬を明確にし、その報酬が得られるステップを細かい段階に設定してみてはどうだろうか。ひとつひとつのステップをクリアすることのメリットを明確に感じられるように工夫することで、よりうまく課題に取り組める可能性がある。このように、自分がグリットのような性格特性に欠けており、注意散漫な特徴をもつことを自覚するというのは、自分の課題への向き合い方を工夫する契機となりうる。

また、神経症傾向が高く不安が強い人物の場合はどうだろうか。このような人物の場合、課題をうまくこなせるという見込みを十分にもつことができず、きっとうまくいかないだろうと将来をネガティブに捉えがちになるであろう。しかしこのような人物の場合、デメリットを抱く対象を変えていく方法によって、課題を進めていく動機づけを生み出すことができるかもしれない。つまり、締め切りを過ぎてしまうことや、課題ができないことに焦点を当てるのである。すると、その不安を和らげるために、早く課題を遂行しようとする動機づけが生じる。締め切りが近づいて不安になるくらいなら、早めに手をつけて終わらせようと考えるようになる。そのプロセスは楽なものではないかもしれないが、結果的に課題を達成できれば、その不安は大きく和らぐはずである。

もしも自分が外向的な性格だと自覚するのであれば、課題に向き合う際にひとりで行うよりも、誰かと一緒にコラボレーションするような仕組みを導入するのがよいだろう。図書館にひとりでこもって作業するよりも、勉強会を開いて皆でスキルアップをしてみる。ひとつの課題をひとりではなく、チームで取り組む。このような仕組みを取り入れることで、外向的な人物は「楽しい」という実感を得やすく、課題のパフォーマンスも向上するだろう。逆に、もしも自分が内向的な性格だとわかったのなら、誰にも邪魔されないような静かな場所を用意して、自分のペースで課題に取り組むようにしよう。おそらく、途中で作業を邪魔されることは、このような人にとっては非常に苦痛だろうから。

居心地のいい環境を作る

人にとって心地よいのは、どれくらい静かな環境なのだろうか。激しい音楽を聴きながら作業をしたほうがはかどるのだろうか、静寂の中で取り組みたいだろうか。また、どのような環境で暮らすのが心地よいのだろうか。人通りの多い都会で暮らすのが心地よいのか、人が少なく交流が多い地域なのか、公園や森の近くが良いのか、海の近くが良いのか。また、誰とどれくらいの関係をもつと、心地よく感じるだろうか。家族や友人と密接な関係をもつことを心地よく感じるだろうか、あまり深い人間関係をもたないほうが心地よいと思うだろうか。実際に顔を合わせる直接の人間関係を営むことが心地よいだろうか、それともインターネット上の関係のほうが気楽で良いと思うだろうか。インターネット上であっても、どのSNSやツールを使うことが心地よいだろう。自分や相手の顔が見えるほうが良いだろうか、それとも音声だけやテキストだけのほうが好ましく感じるだろうか。

本書で見てきたように、人が日常生活の中で選択を繰り返していく中で、それぞれの人にとって心地よい場所に収まっていくような選択がなされる。そういう何気ない選択に、それぞれの人の性格が関連しており、その心地よさに従って居心地のいい場所へとわかれていく。その選択を通じて環境を変化させていくことで、大人になってからも性格は少しずつ変化していく。そして本書で性格の年齢変化を見たように、心地よい場所が見つかると徐々に性格の変化は少なくなり、安定していく。

私たちが自分の性格について知るメリットは、自分にとって居心地のいい場所がどこであるかを理解し、その居心地のいい環境を自分自身で作りだすことにつながる点にある。

それは決して、「こういう性格なのだからこれをあきらめなさい」と、目的や目標を失わせることを意味するものではない。時に性格の研究は、「こういう性格はこういう職業に向いている」と、その他の道筋を断つかのような結果を報告することもある。しかし、自分が望むこと、自分がやりたいこと、またしなければいけないことは、極力達成していきたいものである。それは、自分自身を幸福にするひとつの重要な行為だからである。

自分が「こうありたい」という目標を達成するために、いかに自分自身を目標に向かわせつつ居心地のいい環境に置くか、工夫していくヒントを得るところに、自分の性格を知る意義がある。自分の性格を知ることは、人生の幅を狭めることではなく、広げることに役立てていきたいものである。

あとがき

性格の問題は、多くの素朴な疑問を喚起する。性格は何歳で完成するのか？　子どもの頃の性格は大人になっても受け継がれるのか？　性格は変わっていくのか？　性格は遺伝するのか？　性格は思うように変えていくことができるのか？

本書では、このような素朴な疑問に対して、できるだけ研究に基づきながら答えていくことを試みた。ただしそうすることによって、かえって回答を明確に述べることができなくなってしまったり、回りくどい表現をすることになってしまったり、研究の細かい内容にも言及せざるを得なくなってしまったところがある。

しかし、どちらかといえばそれが研究の本質に近い部分でもある。心理学は、ある問題に対してどんな方法で回答を導くかということを強く志向する学問である。本書で扱った性格についての素朴な疑問に対するときほど、かえって多くの方法上の制約と、それを乗り越えようとするそれぞれの研究者の工夫を垣間見《かいまみ》ることができる。本書の内容を通じて、少しでもそのエッセンスが伝わるのであれば、嬉《うれ》しく思う。

本書は、２０２０年の2月末頃から執筆しはじめた。その翌月、２０２０年3月以降、新型コロナウイルスによる感染症（COVID-19）によって世界の様子は一変してしまった。本書の原稿は、そのような状況の中で書かれたものである。

私たちは、状況の影響をとても大きく受ける。そして、とても忘れっぽくもある。もうすでに、２０２０年2月より前に自分が世界をどのように捉えていたのか、何を感じていたのか、新型コロナウイルスについてどのように思っていたのかについては、わからなくなっている。私たちは将来を大きく見誤ることがあり、また現在の状態に影響を受けて、過去に考えていたこともどんどん上書きしていってしまう。今回の状況は、そういう人間の特徴をまざまざと突きつけたように思う。

こういった状況の中で、人間の性格という些細な問題について考えることは、たいして意味のないことなのかもしれない。このような世界的な問題に直接対処できるような研究ではないからである。

しかし、本書で見てきたように、注意深く研究結果を眺めていけば、そこには何かしら、人間の本質めいたことを垣間見ることができるようにも思う。本書を通じて、人間とは何か、どのような存在であるのか、そして私たちの社会とはどのようなものなのかについて、少しでも明らかにできたのであれば嬉しく思う。

なお、本書の一部には note（https://note.com/atnote）に記載した内容を下敷きに改変したものがある。また、私自身の研究は、科研費をはじめとする研究助成金を受けて行ったものも含まれていることを付記しておく。

さて、本書の執筆は、多くの人々の助力なしに行うことはできなかった。ともに性格を中心とした研究活動をしてくれている国内外の共同研究者たちや大学院生たち、コロナウイルスによる感染症が広まる中で一緒に過ごしながらもそれぞれの活動を尊重してくれた家族、そして今回の企画について苦心していただいた、中央公論新社の田中正敏氏に感謝申し上げます。

2020年5月

小塩真司

personality facets of the Big Five and interpersonal circumplex across three aging cohorts. *Psychosomatic Medicine*, *82*, 64-73.

120 Bogg, T., & Roberts, B. W. (2004). Conscientiousness and health-related behaviors: A meta-analysis of the leading behavioral contributors to mortality. *Psychological Bulletin, 130*, 887-919.

121 Hudson, N. W., Briley, D. A., Chopik, W. J., & Derringer, J. (2019). You have to follow through: Attaining behavioral change goals predicts volitional personality change. *Journal of Personality and Social Psychology, 117*, 839-857.

122 Duval, S., & Wicklund, R. A. (1972). *A theory of objective selfawareness*. New York: Academic Press.

personality trait change. *Journal of Personality*, *86*, 83-96.
107 Humbad, M. N., Donnellan, M. B., Iacono, W. G., McGue, M., & Burt, S. A. (2010). Is spousal similarity for personality a matter of convergence or selection? *Personality and Individual Differences*, *49*, 827-830.
108 Gosling, S. D., Ko, S. J., Mannarelli, T., & Morris, M. E. (2002). A room with a cue: Personality judgments based on offices and bedrooms. *Journal of Personality and Social Psychology*, *82*, 379-398.
109 Borkenau, P., Mauer, N., Riemann, R., Spinath, F. M., & Angleitner, A. (2004). Thin slices of behavior as cues of personality and intelligence. *Journal of Personality and Social Psychology*, *86*, 599-614.
110 Borkenau, P. (1991). Evidence of a correlation between wearing glasses and personality. *Personality and Individual Differences*, *12*, 1125-1128.
111 Todorov, A., Mandisodza, A. N., Goren, A., & Hall, C. C. (2005). Inferences of competence from faces predict election outcomes. *Science*, *308*, 1623-1626.
112 Naumann, L. P., Vazire, S. Rentfrow, P. J., & Gosling, S. D. (2009). Personality judgments based on physical appearance. *Personality and Social Psychology Bulletin*, *35*, 1661-1671.
113 Hertenstein, M. J., Hansel, C. A., Butts, A. M., & Hile, S. N. (2009). Smile intensity in photographs predicts divorce later in life. *Motivation and Emotion*, *33*, 99-105.
114 Sorokowski, P., Sorokowska, A., Oleszkiewicz, A., Frackowiak, T., Huk, A., & Pisanski, K. (2015). Selfie posting behaviors are associated with narcissism among men. *Personality and Individual Differences*, *85*, 123-127.
115 Liu, D., & Campbell, W. K. (2017). The Big Five personality traits, Big Two metatraits and social media: A meta-analysis. *Journal of Research in Personality*, *70*, 229-240.
116 Poropat, A. E. (2009). A meta-analysis of the Five-Factor Model of personality and academic performance. *Psychological Bulletin*, *135*, 322-338.
117 Barrick, M. R., & Mount, M. K. (1991). The Big Five personality dimensions and job performance: A meta-analysis. *Personnel Psychology*, *44*, 1-26.
118 Friedman, H. S., Tucker, J. S., Tomlinson-Keasey, C., Schwartz, J. E., Wingard, D. L., & Criqui, M. H. (1993). Does childhood personality predict longevity? *Journal of Personality and Social Psychology, 65*, 176-185.
119 Chapman, B. P., Elliot, A., Sutin, A., Terracciano, A., Zelinski, E., Schaie, W., Willis, S., & Hofer, S. (2020). Mortality risk associated with

92　内閣府（2020）『共同参画』No.132.（2020年3月・4月）
93　Gaunt, R. (2006). Couple similarity and marital satisfaction: Are similar spouses happier? *Journal of Personality*, *74*, 1401-1420.
94　Gray, J. S., & Coons, J. V. (2017). Trait and goal similarity and discrepancy in romantic couples. *Personality and Individual Differences*, *107*, 1-5.
95　Malouff, J. M., Thorsteinsson, E. B., Schutte, N. S., Bhullar, N., & Rooke, S. E. (2010). The Five-Factor Model of personality and relationship satisfaction of intimate partners: A meta-analysis. *Journal of Research in Personality*, *44*, 124-127.
96　Abe, S. & Oshio, A. (2018). Does marital duration moderate (dis) similarity effects of personality on marital satisfaction? *Sage Open*, *8*, April-June, 1-7.
97　Wong, Y. K., Wong, W. W., Lui, K. F. H., & Wong, A. C. N. (2018). Revisiting facial resemblance in couples. *PLoS ONE, 13(1)*: e0191456.
98　人口動態調査 人口動態統計 確定数 離婚　https://www.e-stat.go.jp/dbview?sid=0003214872
99　Bach, D. (2016). Is divorce seasonal? UW research shows biannual spike in divorce filings https://www.washington.edu/news/2016/08/21/is-divorce-seasonal-uw-research-shows-biannual-spike-in-divorce-filings/
100　Stanley, S. M. (2018). Living together before marriage may raise risk of divorce. Psychology Today. https://www.psychologytoday.com/intl/blog/sliding-vs-deciding/201811/living-together-marriage-may-raise-risk-divorce
101　Gibson-Davis, C. M., Ananat, E. O., & Gassman-Pines, A. (2018). Midpregnancy marriage and divorce: Why the death of shotgun marriage has been greatly exaggerated. *Demography*, *53*, 1693-1715.
102　Boertien, D., & Mortelmans, D. (2017). Does the relationship between personality and divorce change over time? A cross-country comparison of marriage cohorts. *Acta Sociologica*, May 2017, 1-17.
103　Shackelford, T. K., Besser, A., & Goetz, A. T. (2008). Personality, marital satisfaction, and probability of marital infidelity. *Individual Differences Research*, *6*, 13-25.
104　Altgelt, E. E., Reyes, M. A., French, J. E., Meltzer, A. L., & McNulty, J. K. (2018). Who is sexually faithful? Own and partner personality traits as predictors of infidelity. *Journal of Social and Personal Relationships*, *35*, 600-614.
105　Jonason, P. K., Li, N. P., Buss, D. M. (2010). The costs and benefits of the Dark Triad: Implications for mate poaching and mate retention tactics. *Personality and Individual Differences*, *48*, 373-378.
106　Bleidorn, W., Hopwood, C. J., & Lucas, R. E. (2018). Life events and

引』竹井機器工業
78　小塩真司・市村美帆・汀逸鶴・三枝高大（2019）「日本における情緒不安定性の増加―YG性格検査の時間横断的メタ分析―」『心理学研究』*90*, 572-580.
79　Solomon, S., Greenberg, J., & Pyszczynski, T. (2019). The cultural animal: Twenty years of terror management theory and research. In J. Greenberg, S. L. Koole & T. Pyszczynski (Eds.), *Handbook of experimental existential psychology* (pp. 13-34). New York: Guilford Press.
脇本竜太郎（2012）『存在脅威管理理論への誘い：人は死の運命にいかに立ち向かうのか』サイエンス社
80　Greenberg, J., Solomon, S., Pyszczynski, T., Rosenblatt, A., Burling, J., Lyon, D., Simon, L., & Pinel, E. (1992). Why do people need self-esteem? Converging evidence that self-esteem serves an anxiety-buffering function. *Journal of Personality and Social Psychology*, *63*, 913-922.
81　カトリーヌ・ヴィダル／ドロテ・ブノワ＝ブロウエズ著、金子ゆき子訳（2007）『脳と性と能力』集英社新書
82　柏木惠子（1974）「青年期における性役割の認知（III）―女子学生青年を中心として―」『教育心理学研究』*22*, 205-215.
83　伊藤裕子（1978）「性役割の評価に関する研究」『教育心理学研究』*26*, 1-11.
84　土肥伊都子・廣川空美（2004）「共同性・作動性尺度（CAS）の作成と構成概念妥当性の検討―ジェンダー・パーソナリティの肯否両側面の測定―」『心理学研究』*75*, 420-427.
85　文部科学省「学校保健統計調査―平成30年度（確定値）の結果の概要」
86　24の文献に同じ
87　Robins, R. W., Trzesniewski, K. H., Tracy, J. L., Gosling, S. D., & Potter, J. (2002). Global self-esteem across the life span. *Psychology and Aging*, *17*, 423-434.
88　Bleidorn, W., Arslan, R. C., Denissen, J. J. A., Rentfrow, P. J., Gebauer, J. E., Potter, J., & Gosling, S. D. (2016). Age and gender differences in self-esteem—A cross-cultural window. *Journal of Personality and Social Psychology*, *111*, 396-410.
89　Schmitt, D. P., Realo, A., Voracek, M., & Allik, J. (2008). Why can't a man be more like a woman? Sex differences in Big Five personality traits across 55 cultures. *Journal of Personality and Social Psychology*, *94*, 168-182.
90　岡田涼・小塩真司・茂垣まどか・脇田貴文・並川努（2015）「日本人における自尊感情の性差に関するメタ分析」『パーソナリティ研究』*24*, 49-60.
91　内閣府（2019）『共同参画』No.122.（2019年5月）

『たばこ・ストレス・性格のどれが健康を害するか』星和書店
63　Flynn, J. R. (1987). Massive IQ gains in 14 nations: What IQ tests really measure. *Psychological Bulletin*, *101*, 171-191.
64　Sundet, J. M., Barlaug, D. G., & Torjussen, T. M. (2004). The end of the Flynn effect?: A study of secular trends in mean intelligence test scores of Norwegian conscripts during half a century. *Intelligence*, *32*, 349-362.
65　Wongupparaj, P., Kumari, V., & Morris, R. G. (2015). A cross-temporal meta-analysis of Raven's Progressive Matrices: Age groups and developing versus developed countries. *Intelligence*, *49*, 1-9.
66　Cox, C. M. (1926). *Genetic studies of genius volume II: The early mental traits of three hundred geniuses*. California, USA: Stanford University Press.
67　Buzan, T. (1995). *Buzan's book of genius*. London: Random House UK.
68　Twenge, J. M., & Campbell, W. K. (2001). Age and birth cohort differences in self-esteem: A cross-temporal meta-analysis. *Personality and Social Psychology Review*, *5*, 321-344.
69　Twenge, J. M., Konrath, S., Foster, J. D., Campbell, W. K., & Bushman, B. J. (2008). Egos inflating over time: A cross-temporal meta-analysis of the Narcissistic Personality Inventory. *Journal of Personality*, *76*, 875-901.
70　68の文献に同じ
71　Twenge, J. M. & Campbell, W. K. (2009). *The narcissism epidemic: Living in the age of entitlement*. New York: Free Press.（トウェンギ／キャンベル著、桃井緑美子訳〔2011〕『自己愛過剰社会』河出書房新社）
72　Twenge, J. M., Gentile, B., DeWall, C. N., Ma, D., Lacefield, K., & Schurtz, D. R. (2010). Birth cohort increases in psychopathology among young Americans, 1938-2007: A cross-temporal meta-analysis of the MMPI. *Clinical Psychology Review*, *30*, 145-154.
73　小塩真司・岡田涼・茂垣まどか・並川努・脇田貴文（2014）「自尊感情平均値に及ぼす年齢と調査年の影響―Rosenberg の自尊感情尺度日本語版のメタ分析―」『教育心理学研究』*62*, 273-282.
74　Gentile, B., Twenge, J. M., & Campbell, W. K. (2010). Birth cohort differences in self-esteem, 1988-2008: A cross-temporal meta-analysis. *Review of General Psychology*, *14*, 261-268.
75　Hamamura, T., & Septarini, B. G. (2017). Culture and self-esteem over time: A cross-temporal meta-analysis among Australians, 1978-2014. *Social Psychological and Personality Science*, *8*, 904-909.
76　Liu, D., & Xin, Z. (2014). Birth cohort and age changes in the self-esteem of Chinese Adolescents: A cross-temporal meta-analysis, 1996-2009. *Journal of Research on Adolescence*, *25*, 366-376.
77　辻岡美延（1972）『新性格検査法 Y-G 性格検査実施・応用・研究手

emergence, persistence, and expression of geographic variation in psychological characteristics. *Perspectives on Psychological Science*, *3*, 339-369.

47 Rentfrow, P. J., Jokela, M., & Lamb, M. E. (2015). Regional personality differences in Great Britain. *PLoS ONE*, *10(3)*: e0122245.

48 Oishi, S., Talhelm, T., & Lee, M. (2015). Personality and geography: Introverts prefer mountains. *Journal of Research in Personality*, *58*, 55-68.

49 Walk Score https://www.walkscore.com （2020 年 5 月現在）

50 Götz, F. M., Yoshino, S., & Oshio, A. The association between walkability and personality: Evidence from a large socioecological study in Japan. *Journal of Environmental Psychology, 69*, 101438.

51 Jonason, P. K. (2018). Bright lights, big city: The Dark Triad traits and geographical preferences. *Personality and Individual Differences*, *132*, 66-73.

52 Murphy, R. H. (2019). Psychopathy by U.S. state: A translation of regional measures of the Big Five personality traits to regional measures of psychopathy. *Heliyon*, *5*, e01306.

53 Jonason, P. K., Jones, A., & Lyons, M. (2013). Creatures of the night: Chronotypes and the Dark Triad traits. *Personality and Individual Differences*, *55*, 538-541.

54 Jonason, P. K., Li, N. P., Webster, G. D., & Schmitt, D. P. (2009). The Dark Triad: Facilitating a short-term mating strategy in men. *European Journal of Personality*, *23*, 5-18.

55 Jonason, P. K., Koenig, B., & Tost, J. (2010). Living a fast life: The Dark Triad and life history theory. *Human Nature*, *21*, 428-442.

56 Jokela, M., Elovainio, M., Kivimäki, M., & Keltikangas-Järvinen, L. (2008). Temperament and migration patterns in Finland. *Psychological Science*, *19*, 831-837.

57 Jokela, M. (2008). Personality predicts migration within and between U.S. states. *Journal of Research in Personality*, *43*, 79-83.

58 吉野伸哉・小塩真司（2018）「Big Five による住居移動の予測―他都道府県への転居願望について―」『日本パーソナリティ心理学会第 27 回大会論文集』*46*.

59 吉野伸哉・小塩真司（2018）「Big Five による住居移動の予測―大学進学にともなう上京について―」『日本社会心理学会第 59 回大会 Web発表論文集』*247*.

60 Oishi, S. Schimmack, U. (2010). Residential mobility, well-being, and mortality. *Journal of Personality and Social Psychology*, *98*, 980-994.

61 山本雄大・佐藤潤美・大渕憲一（2014）「喫煙者に対する否定的評価と差別」『心理学研究』*85*, 121-129.

62 ハンス・J・アイゼンク著、清水義治・水沼寛・永島克彦訳（1993）

characteristics predict longevity? Findings from the Tokyo Centenarian Study. *Age*, *28*, 353-361.

31　Caspi, A., Roberts, B. W., & Shiner, R. L. (2005). Personality development: Stability and change. *Annual Review of Psychology*, *56*, 453-484.

32　Quoidbach, J., Gilbert, D. T., & Wilson, T. D. (2013). The end of history illusion. *Science*, *339*, 96-98.

33　Ford, M., & Legon, P. (2003). *The how to be british collection*. Hove, GB: Lee Gone Publications.

34　McCrae, R. R., & Terracciano, A., & 79 Members of the Personality Profiles of Cultures Project. (2005b). Personality profiles of cultures: Aggregate personality traits. *Journal of Personality and Social Psychology*, *89*, 407-425.

35　Hours worked. OECD Data. Retrieved from https://data.oecd.org/emp/hours-worked.htm

36　Schmitt, D. P., Allik, J., McCrae, R. R., Benet-Martínez, et al. (2007). The geographic distribution of Big Five personality traits: Patterns and profiles of human self-description across 56 nations. *Journal of Cross-Cultural Psychology*, *38*, 173-212.

37　Schmitt, D. P., & Allik, J. (2005). Simultaneous administration of the Rosenberg Self-Esteem Scale in 53 nations: Exploring the universal and culture-specific features of global self-esteem. *Journal of Personality and Social Psychology*, *89*, 623-642.

38　Jonason, P. K., Foster, J., Oshio, A., Sitnikova, M., Birkas, B., & Gouveia, V. (2017). Self-construals and the Dark Triad traits in six countries. *Personality and Individual Differences*, *113*, 120-124.

39　North, M. S., & Fiske, S. T. (2015). Modern attitudes toward older adults in the aging world: A cross-cultural meta-analysis. *Psychological Bulletin*, *141*, 993-1021.

40　Diener, E., Diener, M., & Diener, C. (1995). Factors predicting the subjective well-being of nations. *Journal of Personality and Social Psychology*, *69*, 851-864.

41　World Happiness Report: https://worldhappiness.report

42　Yamaguchi, S., Greenwald, A. G., Banaji, M. R., Murakami, F., Chen, D., Shiomura, K., Kobayashi, C., Cai, H., & Krendl, A. (2007). Apparent universality of positive implicit self-esteem. *Psychological Science*, *18*, 498-500.

43　34の文献に同じ

44　37の文献に同じ

45　和辻哲郎（1972）『風土』岩波書店

46　Rentfrow, P. J., Gosling, S. D., & Potter, J. (2008). A theory of the

17 Tang, A., Crawford, H., Morales, S., Degnan, K. A., Pine, D. S., Fox, N. A. (2020). Infant behavioral inhibition predicts personality and social outcomes three decades later. *PNAS*, *117*, 9800-9807.
18 菅原ますみ（2003）『個性はどう育つか』大修館書店
19 Thomas, A., & Chess, S. (1977). *Temperament and development*. New York: Brunner/Mazel.
20 Maziade, M., Côté, R., Boutin, P., Bernier, H., & Thivierge, J. (1987). Temperament and intellectual development: A longitudinal study from infancy to four years. *The American Journal of Psychiatry*, *144*, 144-150.
21 Chong, S. Y., Chittleborough, C. R., Gregory, T., Mittinty, M. N., Lynch, J. W., & Smithers, L. G. (2016). Parenting practices at 24 to 47 months and IQ at age 8: Effect-measure modification by infant temperament. *PLoS One*, *11(3)*, e0152452.
22 Roberts, B. W. & DelVecchio, W. F. (2000). The rank-order consistency of personality traits from childhood to old age: A quantitative review of longitudinal studies. *Psychological Bulletin*, *126*, 3-25.
23 Roberts, B. W., Walton, K. E., & Viechtbauer, W. (2006). Patterns of mean-level change in personality traits across the life course: A meta-analysis of longitudinal studies. *Psychological Bulletin*, *132*, 1-25.
24 Soto, C. J., John, O. P., Gosling, S. D., & Potter, J. (2011). Age differences in personality traits from 10 to 65: Big Five domains and facets in a large cross-sectional sample. *Journal of Personality and Social Psychology*, *100*, 330-348.
25 Hall, G. S. (1904). *Adolescence: Its psychology and its relations to physiology, anthropology, sociology, sex, crime, religion, and education* (Vols. 1 & 2). Englewood Cliffs, NJ: Prentice-Hall.
26 Van den Akker, A. L., Deković, M., Asscher, J., & Prinzie, P. (2014). Mean-level personality development across childhood and adolescence: A temporary defiance of the maturity principle and bidirectional associations with parenting. *Journal of Personality and Social Psychology*, *107*, 736-750.
27 川本哲也・小塩真司・阿部晋吾・坪田祐基・平島太郎・伊藤大幸・谷伊織（2015）「ビッグ・ファイブ・パーソナリティ特性の年齢差と性差：大規模横断調査による検討」『発達心理学研究』*26*, 107-122.
28 Chopik, W. J., & Kitayama, S. (2018). Personality change across the life span: Insights from a cross-cultural, longitudinal study. *Journal of Personality*, *86*, 508-521.
29 Bleidorn, W., Klimstra, T. A. Denissen, J. J. A., Rentfrow, P. J., Potter, J., & Gosling, S. D. (2013). Personality maturation around the world: A cross-cultural examination of social-investment theory. *Psychological Science*, *24*, 2530-2540.
30 Masui, Y., Gondo, Y., Inagaki, H., & Hirose, N. (2006). Do personality

註　記

1　Galton, F. (1884). Measurement of character. *Fortnightly Review*, *36*, 179-185.

2　Allport, G.W. & Odbert, H.S. (1936). Trait-names: A psycho-lexical study. *Psychological Monographs*, *47*, No.211.

3　Gosling, S. (2008). *Snoop: What your stuff says about you*. New York: Basic Books.（サム・ゴズリング著、篠森ゆりこ訳〔2008〕『スヌープ！：あの人の心ののぞき方』講談社）

4　村上宣寛（2003）「日本語におけるビッグ・ファイブとその心理測定的条件」『性格心理学研究』*11*, 70-85.

5　Ashton, M. C. & Lee, K. (2001). A theoretical basis for the major dimensions of personality. *European Journal of Personality*, *15*, 327-353.

6　Paulhus, D. L., & Williams, K. M. (2002). The Dark Triad of personality: Narcissism, Machiavellianism, and psychopathy. *Journal of Research in Personality*, *36*, 556-563.

7　Jonason, P. K., & McCain, J. (2012). Using the HEXACO model to test the validity of the Dirty Dozen measure of the Dark Triad. *Personality and Individual Differences*, *53*, 935-938.

8　5の文献に同じ

9　クリスティーン・ネフ著、石村郁夫・樫村正美訳（2014）『セルフ・コンパッション：あるがままの自分を受け入れる』金剛出版

10　尾崎由佳・後藤崇志・小林麻衣・沓澤岳（2016）「セルフコントロール尺度短縮版の邦訳および信頼性・妥当性の検討」『心理学研究』*87*, 144-154.

11　Chess, S., Thomas, A., Birch, H. G., & Hertzig, M. (1960). Implications of a longitudinal study of child development for child psychiatry. *The American Journal of Psychiatry, 117,* 434-441.

12　水野里恵（2003）「乳幼児の気質研究の動向と展望」『愛知江南短期大学紀要』*32*, 109-123.

13　「mother killer」と表現されるので「母親殺し」と訳すこともできる。

14　Kagan, J. (1997). *Galen's prophecy: Temperament in human nature*. USA: Westview Press.

15　Rothbart, M. K., & Posner, M. I. (2006). Temperament, attention, and developmental psychopathology. *Developmental Psychopathology. Volume 2, Developmental Neuroscience* (2 nd ed., pp.465-501): John Wiley & Sons.

16　Vreeke, L. J., & Muris, P. (2012). Relations between behavioral inhibition, Big Five Personality factors, and anxiety disorder symptoms in non-clinical and clinically anxious children. *Child Psychiatry & Human Development*, *43*, 884-894.

小塩真司（おしお・あつし）

1972年，愛知県生まれ．名古屋大学教育学部卒業，同大学院教育学研究科教育心理学専攻修了．博士（教育心理学）．中部大学准教授などを経て早稲田大学文学学術院教授．専門はパーソナリティ心理学，発達心理学．
著書『自己愛の青年心理学』（ナカニシヤ出版，2004年）
『はじめて学ぶパーソナリティ心理学』（ミネルヴァ書房，2010年）
『性格を科学する心理学のはなし』（新曜社，2011年）
『性格がいい人、悪い人の科学』（日経プレミアシリーズ，2018年）
など．

性格《せいかく》とは何《なに》か
中公新書 *2603*

2020年8月25日発行

著　者　小塩真司
発行者　松田陽三

本文印刷　暁印刷
カバー印刷　大熊整美堂
製　本　小泉製本

発行所　中央公論新社
〒100-8152
東京都千代田区大手町1-7-1
電話　販売 03-5299-1730
　　　編集 03-5299-1830
URL http://www.chuko.co.jp/

Published by CHUOKORON-SHINSHA, INC.
Printed in Japan　ISBN978-4-12-102603-3 C1211

中公新書刊行のことば

いまからちょうど五世紀まえ、グーテンベルクが近代印刷術を発明したとき、書物の大量生産は潜在的可能性を獲得し、いまからちょうど一世紀まえ、世界のおもな文明国で義務教育制度が採用されたとき、書物の大量需要の潜在性が形成された。この二つの潜在性がはげしく現実化したのが現代である。

いまや、書物によって視野を拡大し、変りゆく世界に豊かに対応しようとする強い要求を私たちは抑えることができない。この要求にこたえる義務を、今日の書物は背負っている。だが、その義務は、たんに専門的知識の通俗化をはかることによって果たされるものでもなく、通俗的好奇心にうったえて、いたずらに発行部数の巨大さを誇ることによって果たされるものでもない。現代を真摯に生きようとする読者に、真に知るに価いする知識だけを選びだして提供すること、これが中公新書の最大の目標である。

私たちは、知識として錯覚しているものによってしばしば動かされ、裏切られる。私たちは、作為によってあたえられた知識のうえに生きることがあまりに多く、ゆるぎない事実を通して思索することがあまりにすくない。中公新書が、その一貫した特色として自らに課すものは、この事実のみの持つ無条件の説得力を発揮させることである。現代にあらたな意味を投げかけるべく待機している過去の歴史的事実もまた、中公新書によって数多く発掘されるであろう。

中公新書は、現代を自らの眼で見つめようとする、逞しい知的な読者の活力となることを欲している。

一九六二年一一月

中公新書

教育・家庭

m1

1136 0歳児がことばを獲得するとき　正高信男
2429 保育園問題　前田正子
2477 日本の公教育　中澤渉
2218 特別支援教育　柘植雅義
2004 2005 大学の誕生（上下）　天野郁夫
2424 帝国大学―近代日本のエリート育成装置　天野郁夫
1249 大衆教育社会のゆくえ　苅谷剛彦
2006 教育と平等　苅谷剛彦
1704 教養主義の没落　竹内洋
2149 高校紛争 1969-1970　小林哲夫
1065 人間形成の日米比較　恒吉僚子
1578 イギリスのいい子 日本のいい子　佐藤淑子
1984 日本の子どもと自尊心　佐藤淑子
416 ミュンヘンの小学生　子安美知子
2066 いじめとは何か　森田洋司
2549 海外で研究者になる　増田直紀

性格とは何か

中公新書2603